走进"一带一路"丛书

浙江省社科联社科普及课题（22KPWT06ZD-10Z）

海湾明珠
巴林

陈 洋
王 波 编著

浙江工商大学 出版社
ZHEJIANG GONGSHANG UNIVERSITY PRESS
·杭州·

图书在版编目(CIP)数据

海湾明珠——巴林 / 陈洋,王波编著. —杭州:
浙江工商大学出版社,2024.5
ISBN 978-7-5178-5939-0

Ⅰ.①海… Ⅱ.①陈… ②王… Ⅲ.①巴林—概况
Ⅳ.①K938.6

中国国家版本馆 CIP 数据核字(2024)第 027113 号

海湾明珠——巴林
HAIWAN MINGZHU——BALIN
陈 洋 王 波 编著

出 品 人	郑英龙	
策划编辑	王黎明	
责任编辑	王黎明	
责任校对	李远东	
封面设计	胡 晨	
责任印制	包建辉	
出版发行	浙江工商大学出版社	
	(杭州市教工路198号 邮政编码310012)	
	(E-mail:zjgsupress@163.com)	
	(网址:http://www.zjgsupress.com)	
	电话:0571-88904980,88831806(传真)	
排 版	杭州朝曦图文设计有限公司	
印 刷	杭州高腾印务有限公司	
开 本	880 mm×1230 mm 1/32	
印 张	6.125	
字 数	138千	
版 印 次	2024年5月第1版 2024年5月第1次印刷	
书 号	ISBN 978-7-5178-5939-0	
定 价	59.80元	

丁喜刚　新华社前驻达喀尔分社首席记者

王　波　新华社前驻伊拉克共和国、科威特国、沙特阿拉伯
　　　　王国和巴林王国分社首席记者

刘咏秋　新华社驻罗马分社记者，前驻希腊共和国、斯里兰
　　　　卡民主社会主义共和国分社记者

陈德昌　新华社前驻希腊共和国分社、塞浦路斯共和国分社
　　　　首席记者

明大军　新华社前驻曼谷分社、驻耶路撒冷分社首席记者

章建华　新华社驻堪培拉分社首席记者，前驻喀布尔、河内
　　　　和万象分社首席记者

特别顾问

马晓霖　浙江外国语学院教授，环地中海研究院院长

走进"一带一路"丛书编委会

‖ 目　录 ‖

开篇

"我的祖国阿瓦勒，美丽的大花园，就在那伊甸乐园之间。椰枣树茂盛，犹如一个个要塞的卫士傲然；又像太阳神城的一座座灯塔，建造艺术精湛……它的大地遍布草场，把绿色的身躯展现。它的海岸如宽大的舞台，使百鸟放声鸣啭。"这是巴林诗人拉迪·苏莱曼·穆苏维在诗歌《我的祖国阿瓦勒》中所描写的巴林的景色。诗人用饱含深情的语言表达了对祖国深沉的爱和眷恋。

巴林是位于海湾西南部的群岛之国，由三十几个大大小小的岛屿组成，介于卡塔尔和沙特阿拉伯之间，既是古代"海上丝绸之路"的必经之地，也是重要的交通枢纽和商品集散地。这里风光秀丽，采珠业与捕鱼业发达，素有"海湾明珠"的美称。

古老的文明孕育了巴林，开放的思维孕育了创新。巴林虽是海湾国家中国土面积最小的国家，但在很多方面居于本地区领先地位：巴林是海湾地区第一个发现并开采石油的国家；首都麦纳麦是海湾国家建立的第一个城市；巴林发行了海湾地区第一份报纸；巴林保存着世界上史前最大的冢林和海湾地区最为古老的哈米斯清真寺；巴林工商会是海湾地区首家商会；巴林是海湾和中东地区的金融中心之一；巴林铝业是中东地区第一家炼铝厂；巴林是海湾国家中第一个发送彩色电视信号、第一个建立电子政务、第一个引进智能卡的国家；巴林是海湾国家中第一个拥有女子学校的国家；巴林是中东地区第一个拥有

F1国际赛道并举办比赛的国家;巴林拥有世界上第一座带风力发电机的摩天大楼;巴林拥有阿拉伯地区收藏《古兰经》版本最多的博物馆,拥有最为古老的宝刀制作作坊等。

　　下面就让我们走进这个古老与现代相交融的国家,感受它的历史、政治、经济、文化、教育、风情民俗等国情、社情、民情,关注巴林与中国的关系,为推进"一带一路"倡议的实施提供借鉴。

上篇

巴林的前世

早期文明的复现

"巴林"在阿拉伯语中意为"两个海"。举世闻名的幼发拉底河和底格里斯河于伊拉克古尔奈(Al-Qurnah)镇附近合流为阿拉伯河,后一路向东南注入阿拉伯湾,带来甘甜清澈的淡水,并于巴林群岛周围形成颇具规模的淡水海域。由于密度的差异,这些远道而来的淡水与周遭的咸水界限分明,形成"海中有海"的奇特景观,两"海"之间的巴林因此得名。

在探究巴林群岛的形成原因时,部分地质学家试着在地图上精准地描绘出群岛的轮廓,然后将其剪下,分别填补到假设分离的位置,最终发现这些岛屿的形状、轮廓很大程度上能与阿拉伯半岛相吻合。据此,部分地质学家推断,巴林群岛原本是阿拉伯半岛东海岸的一部分,后来由于长期的地壳运动,它们逐渐脱离了阿拉伯半岛,形成一片独立的群岛。还有一部分地质学家则认为,巴林群岛原本被大海淹没于海床之下,后来漫长的地壳升降运动使得整个海湾地区的海平面发生变动,海水退去,巴林群岛得以在海湾西南部露出水面。从地理上推断,两派观点都具有一定合理性。

巴林在1971年8月15日才宣告独立,但实际上这是一个非常古老的国家。有限的考古研究表明:巴林岛上5万年前就有了人类活动;打火石等史前器物的发现证明巴林岛上在公元前8000年左右便产生了农耕文明;公元前5000年前后,阿拉伯半岛上的早期人类成功登上巴林岛,并在那里建立人类文明,随后巴林进入石器时代——一个小型的渔猎社会①。这一时期,岛上的渔猎团体为了便于生产和生活,自发地组成了原始的村落集合体。生活在这些简单村落集合体中的早期巴林人主要从事渔猎和农耕,少部分从事制作陶器和贝章等简单的原始手工业。其中,贝章由捡来的贝壳磨制而成,多为椭圆形或圆形,颈部较短,口部边缘略向外倾,其上饰以黑色或咖啡色的线纹,制作精细,被早期巴林人赋予了独特的使用意义。当村落中有人去世时,人们把精心打磨的贝章与死者一起埋入坟墓,表达生者对逝者的美好祝福。地质学家与考古学家认为,与现在当地炎热干旱的热带沙漠气候不同,当时的巴林群岛处于一个相对温暖湿润的时期,岛上植被茂密,各种动物繁衍其间。位于首都麦纳麦(Manama)的巴林国家博物馆(Bahrain National Museum)内陈列着众多珍贵的历史文物,如用燧石制作的刀、箭及贝壳类海产品化石,经历史学家考证,它们都是约5000年前石器时代的产物。还有用于割草类植物的带齿镰刀、兽骨和鱼骨等化石。这些文物有力地证实了在公元前5000年至公元前4000年的那段时期里,巴林大部分地区,尤其是穆哈拉格(Muharraq)和萨拉克(Zallaq)海滨一带,已经出现了人类的居住地。这一发现最早要归功于一支由丹麦考古学家毕比教授和格罗布教授带领的考古队。1953年,这支考古队不远万里穿越阿拉伯半岛广袤的戈壁和荒漠来到巴林。经过细致的发掘,考古队员们于巴林岛中部发现一批用燧石制作而成的箭头,又经过缜密的研究分析后确定这批箭头属于约10万年前巴林土著人的遗物。这个重大发现一下填补了早期巴林历史

---

① 王广大:《当代巴林社会与文化》,世界知识出版社2016年版,第23页。

的缺失和空白,也极大地激起了考古队员们的探索兴趣。随后他们在巴林岛上一口气发掘了房屋、石墙、水池、祭坛等古代城市遗址,以及大量图案及形状都独具特色的巴林陶器。从遗址的分布上看,居民生活区与举行宗教仪式的场所相隔不远但又明显分开,说明巴林人早在建城之初便已有了城市规划的意识;从遗址的规模上看,不难看出当时的建筑大多高大且宽敞,尤其是与祭祀相关的祭坛、水池等宗教建筑,这说明当时的巴林人偏好规模宏大的建筑并已掌握较为成熟的建筑技术。而出土的各类陶器则工艺独特,呈现出与两河流域及印度河流域截然不同的风格,甚至与巴林当地后期的制陶风格也大不相同。根据所有的这些考古发现,考古学家们推测,早在公元前3000年左右,巴林就进入了文明社会。

在巴林岛北部、麦纳麦以西的阿里地区,有一片绵延数十里、占地30多平方千米的土丘,不知道的人大概会误以为那是一个废弃的沙场或石场,或者一片普通的碎石山丘。实际上,那是一片历史悠久的坟山墓海,每一个土丘都是一个已逝之人的坟头,这些坟头历史上总数最多时达17万座!1879年,首批英国考古学家来到巴林进行初次发掘,才发现这些土丘都是古人的坟墓。在随后的数十年间,来自世界各地的考古学家被这个神秘的"万冢之岛"所吸引,他们前赴后继地来到巴林,最终通过一系列的考古发掘和科学研究逐渐向世人揭开了这片坟山墓海的神秘面纱。据考证,由于地理位置较为特殊,历史上的巴林一度成为海湾居民的"公墓",即无论是普通的渔民、商贾,还是富有的贵族、掌权的统治者,除巴林本地人外,整个海湾沿岸地区的居民及往来于该地区的人们在亲友去世后都倾向于将亲友安葬到巴林岛上。当前人的坟墓被泥沙淤积掩埋之后,后人又在上面另建一层新坟。随着时间的推移,这里的坟墓也就越来越多,越来越高,经过数千年沧海桑田的演变,最终形成了如今这蔚为壮观的奇特景象。巴林国家博物馆的公开资料显示,巴林岛上现存这样的坟墓多达85000余座,不同地区的墓穴在规模、形状、结构等方面各有差异。其中规模较小的占地数平方米,高仅数十厘米,而规模较大的直径达数十米,高十余米。巴林现已发掘的墓穴之中,规模最大和最小的墓穴分别分布在北方省的萨尔(Saar)和布里(Buri)地区。卡尔扎甘(Karzakkan)则为墓穴密度最大的地区,平均每100平方米的墓区墓穴多达90多个。南方省里法(Riffa)平原地区的墓穴则无论是规模上还是高度上都略逊一筹,与其他地区的墓穴呈现出明显的不同。在考古学家们看来,墓穴形态的不同实际上反映的是当时的巴林已进入不同的历史发展阶段。公元前2800—前2000年是巴林历史发展的早期,也就是著名的迪尔蒙(Dilmun)时期。这一时期的墓穴规模相对较小,但数量多达170000座,是巴林岛上这片坟山墓海的数量顶峰。公元前2200—前1900年,巴林进入历史发展中期,整个地区的文明程度进入了一个新的历史发展阶段,墓穴的建造与早期相比也产生了较大变化,其中一个明显表现就是规模上比早期的墓穴大了不少。到公元前2000年—前1600年,即巴林进入发展后期后,整个墓穴的建造风格都发生了极大的变化。如在萨尔地区,考古学家们发现这里大部分的墓穴直径都在50米以上,多数是由一个墓穴房间和围墙组成,部分墓穴则是由多个房间和多道石墙组成,少部分除了墓穴房间和围墙外,还有一条长且宽敞的墓道。这些墓穴从形制上大体可以分为两类,即单墓和复合墓。单墓形式简单,墓穴由石墙包围,一般由石灰石砌成,地上铺有细沙;墓顶上覆有石板,墓道简陋甚至没有墓道,里面安葬的大概是平民、商人等中下层人物。相比之下,复合墓数量并不多，但规模更大、形式更为复杂，大概为皇室、贵族等上层人物专属。这类墓穴一般由多道围墙分隔出数个墓穴房间，高达十余米，直径数十米，且两侧设有耳室，有的甚至分层，里面葬着同一家族的数位成员。在如今巴林北方省的萨尔和哈马德城地区、中部的阿里地区均有发现这类大型墓穴遗址，这也在一定程度上论证了在巴林发展的某个历史阶段，家族成员共葬一处成为一种社会风俗。同时，考古学家们从大大小小各类墓穴中挖出了大量陪葬品，其中的陶器、青铜器和金银器被证实，除产自巴林，还有不少是来自中国、古印度及地中海沿岸地区。由此可见，当时巴林的海外贸易已经相当发达，当时的巴林可能已经和中国建立了贸易往来。

公元前3000年左右，西亚两河流域的部分苏美尔人来到巴林定居，他们在建造城市的同时把人类历史上最早的文明——两河文明的影响力带进了巴林。也就是从这一时期起，巴林岛正式进入文明社会。公元前31世纪中期，受到统治阶级的大力支持，巴林与海湾地区尤其是苏美尔城邦之间的海上贸易蓬勃发展。以北部的卡拉特（Qal'at al）为中心，巴林岛上出现了更多的城市，整个巴林的人口也出现了较为明显的增长。这一点可以由后来考古发现的该时期墓穴的大量增加佐证。同时，受苏美尔人的影响，巴林在陶器制作、神庙建造等社会各方面都有了越来越多两河文明的烙印。比如，这一时期的巴林陶器大多带有两河流域的桥状图案，本土的神庙也多被改建为捷姆迭特·那色（Jemdet Nasr）时期（约公元前3100—前2900年）的哈法耶风格神庙。当然，由于巴林占据较为重要的地理位置，历来为兵家必争之地，所以这种向外族风格的转变可能更多的是一种被迫选择。公元前2334年左右，"真正的王"萨尔贡（Sargon）在美索不达米亚平原（今伊拉克地区）建立人类历史上第一个帝国——阿卡德帝国(公元前2334—前2193年)。在建立帝国的过程中,萨尔贡杀伐征战,"洗剑于阿拉伯湾",据称,他可能一度征服了巴林。公元前2795年—前2739年,苏美尔人为掌控海湾地区以打通地中海直通海湾的商路,数次派遣远征军进犯海湾沿岸的国家,其中巴林也未能幸免。约公元前2113年,乌尔纳姆(Ur-Nammu)征服两河流域,建立乌尔第三王朝(约公元前2113—前2006年),并与巴林往来密切。据有限的资料,直至汉谟拉比(Hammurabi)再度统一两河流域,开创古巴比伦帝国时,巴林仍与两河流域保持着商业往来。公元前16世纪,古巴比伦帝国开始衰落,来自东部山区的加喜特人趁机进犯两河流域,这一时期,除古巴林国外,巴林群岛上还产生了另外一个独立国家。公元前1000年左右,腓尼基人入主巴林,他们主动与古巴比伦、古印度和古埃及建立联系,一手将巴林经营成为整个中东的转口贸易中心。在随后相当长的一段时期内,该地区战乱不断,频繁易主,但它与两河流域文明的往来却从未停止。

有关专家考证,古代巴林与周边地区的对外交流和贸易往来大体上可以分为三个阶段。公元前31世纪早期为巴林对外贸易发展的初期阶段,得益于对外交流的增加,此时巴林的社会文化发展呈现出越来越快的发展态势。公元前31世纪中后期至公元前10世纪早期,包括巴林在内的整个海湾地区或主动或被动地与如日中天的两河文明建立了直接的海上贸易联系。公元前2000年左右,作为阿拉伯半岛与古巴比伦帝国铜矿贸易的中转站,巴林经济、军事力量的发展达到该时期的顶峰,整个巴林地区的地方文明发展速度也进一步加快并日渐成熟。在那之后,尽管塞浦路斯强势崛起并取代巴林成为两河流域新的铜矿生产和贸易中心,但巴林仍然凭借优越的地理位置带来的巨大优势在整个海湾地区与两河流域的海上贸易中占据着极其重要的位置。公元前11世纪中期以后,巴林长期处于两河文明的荫庇之下,对外贸易也处于稳定发展状态。再后来,直至罗马帝国时代,巴林仍作为该地区的商业中心而为世人所熟知。

神秘的迪尔蒙文明

在今巴林岛北部,首都麦纳麦西北侧,距市中心约10千米的地方,有一片被称为巴林"最重要的古代遗迹"的古代文明遗址。该遗址于2005年被联合国教育、科学及文化组织(以下简称"联合国教科文组织")列入《世界遗产名录》,它就是巴林卡拉特考古遗址。卡拉特考古遗址又称巴林贸易港考古遗址或巴林堡,于1954年被一个来自丹麦的考察队首次发掘。后经考古研究证明,该遗址现存建筑始建于约1500年前,但古堡下的台形人工土墩的修建历史可追溯至公元前2300年至前1700年间,其建造者先后有加喜特人、葡萄牙人和波斯人。同时,从后来出土的古代居民住宅、商贸往来和宗教军事等各类相关文物来看,整个巴林堡地区拥有近5000多年的历史,先后孕育了巴林历史上的七种文明,其中包括整个海湾地区最早出现的文明,也即当地古代最辉煌的文明之一——迪尔蒙文明。1879年,人们在巴林岛上发掘出一块古老的石碑,碑文内容涉及迪尔蒙保护神因扎克神(Inzak)。再结合后来海湾各国出土的遗址、冢林和伊拉克、波斯、希腊等各方史料记载来看,人们得以确认迪尔蒙即为古代巴林。[①]

现代考古研究表明,在公元前3000年以前,古代巴林并未

---

① Bendt Alster. *Dilmun, Bahrain, and Alleged Paradise in Sumerian Myths and Literature*. Berlin: Dietrich Reimer Verlag, 1983, p.39.

开展太多对外贸易,其岛上文化与当时海湾地区传统的大陆文化并无太大差别。到公元前3000年左右,古代巴林才渐渐开始通过阿拉伯湾与古代两河流域进行海上贸易。[①]如前所述,巴林地处海湾要塞,周围地区的海上贸易无论是从海湾经幼发拉底河和底格里斯河至地中海,还是从美索不达米亚平原经海湾至印度洋,都必然绕不开巴林。再加上拥有相对优越的自然条件,如充足的淡水、茂盛的绿洲和高产的珍珠等,巴林同样在公元前3000年左右便吸引了一大批海湾沿岸地区的居民来岛上定居。其中大部分人从事和海上贸易相关的行业。随着岛上的居民越来越多,社会经济也越来越繁荣,迪尔蒙文明应运而生。由于地处古巴比伦、古埃及和古印度之间的关键航线上,迪尔蒙在这古代三大文明的贸易往来和社会文化交流中发挥着举足轻重的连接作用。到公元前31世纪中期,拉旮什(Lagash)等苏美尔城邦与迪尔蒙之间的贸易往来已经十分频繁,两河流域出产的大麦、面粉、羊毛等多种农产品被大量输入迪尔蒙,而从周边地区运来的铜矿、铁矿、木材等资源则经由迪尔蒙运转至两河流域、印度河流域等地区。繁荣的中转贸易使得迪尔蒙一度发展成为古代世界的贸易中心之一,盛极一时。

作为海湾地区最早出现的几大文明之一,迪尔蒙也得以出现在苏美尔人的创世神话里,并占据大量篇幅。例如,《恩基与世界秩序》中便有这样一段描述:

让迪尔蒙(人)与马干(人)(Magan)抬头看我恩基(Enki)!让码头上停泊着迪尔蒙的船,让马干的船也进入我的视野,让

---

① H. W. F. Saggs. *The Greatness That Was Babylon: A Sketch of the Ancient Civilization of the Tigris-Euphrates Valley.* New York: Hawthorn Books, 1962, p.272.

麦鲁哈（Meluhha）的马吉鲁船（Má-gi-lu）运来金银进行交易！……他（恩基）来到麦鲁哈，淡水之神恩基开始决定它（麦鲁哈）的命运："黑土地啊，愿你的树木参天耸立，遍布大小山岗，愿他们（麦鲁哈人）的帝祚千秋万代，愿你的芦苇高大挺拔，……愿你的白银都变成黄金，愿你的铜都变成锡和青铜，愿你的一切都成倍增长……"

该片段反映的是早在远古时代，迪尔蒙便已参与了两河流域的海上国际贸易，并在其中扮演重要角色。更重要的是，在古代苏美尔人眼里，迪尔蒙是"神圣的""天堂乐园"，是"大洪水"之后的"永生之地"。他们坚信自己的祖先就来自迪尔蒙，正如"历史之父"希罗多德（Herodotus）在《希腊波斯战争史》中描述的那样，他们在那里早出晚归、辛勤劳作、制陶耕种和书写文字。公元前3000年左右，两河流域的苏美尔人创造了楔形文字，于是有了后来闻名于世的巴比伦《吉尔伽美什史诗》（*The Epic of Gilgamesh*）。在这本目前已知世界上最古老的英雄史诗中，迪尔蒙被称作"太阳升起的地方""天堂之地""永生王国"和"众神之家"，传奇的英雄王吉尔伽美什为寻找"大洪水"之后的幸存者和探寻永生的秘诀，曾不畏艰难险阻翻山越岭，先后两次到访迪尔蒙。从后世出土的黏土图画、楔形文字石刻及神庙建筑等各类文物来看，历史上的巴林人一直都与两河流域的苏美尔人保持着极为密切的往来。在美国作家卡罗尔（Carol Ann Gillespie）的《巴林》一书中，迪尔蒙甚至被合理怀疑为《圣经》中伊甸园的现实所在地。

公元前2500年左右，迪尔蒙发展成为古代世界的贸易中心之一。这一时期，往来这一地区的商船络绎不绝。商贩们在这里补充淡水、交易货物，贸易内容包括来自印度河流域的铜矿、木料等大宗商品，也包括来自东方的丝绸和西方的香料。

而此时的巴林,也乘着海上贸易的东风大量出口极具本土风情的特色商品椰枣和光彩夺目的天然海水珍珠。新鲜的椰枣经脱水处理后极易储藏,且营养价值高,而当地的珍珠则因产量大、质量佳而畅销世界各地。直至今天,这两样商品仍然是巴林重要的出口产品,其延续千年的珍珠贸易也为巴林赢得了"海湾珍珠"的美誉。一位巴林本土著名作家甚至写下"寰宇之间,地球之上,目之所及,最为富有、最为珍贵和最具权威性的商品,非珍珠莫属"的美句盛赞巴林。在当今巴林人的眼里,珍珠已然成为他们的民族之魂和文化象征。公元前2000年左右,迪尔蒙逐渐掌控了整个海湾地区的海上贸易线路。这一时期的迪尔蒙已经成功将马干和麦鲁哈排除在外,与两河流域北部的亚述建立了直接的贸易关系,成为亚述在两河流域唯一的海外贸易伙伴。[1]同时,迪尔蒙仍与印度河流域诸帝国保持着紧密的商贸往来,其王国版图也一度扩张至如今的科威特和沙特阿拉伯东部等地区。现代考古研究的许多证据也表明,古巴比伦时期的迪尔蒙已经形成深受印度河文明影响的计量与印章体系。比如,当时人们在交易时用于称量的秤砣无论在形状上还是比率上都与古印度河流域的非常相似。考古学家在巴林发掘的七个秤砣中,三个为立方体,四个为球形;而同时期印度河流域流行的秤砣主要是立方体,其次为球形。这也说明这一时期迪尔蒙与印度河流域之间的贸易往来一直没有中断。经济社会的高度繁荣,快速推动迪尔蒙文明的发展达到顶峰。在中东地区出土的一些楔形文刻上,考古学家们发现不少关于

---

[1]　Wu Yuhong. "A Political History of Eshnunna, Mari and Assyria During the Early Babylonian Period: From the End of Ur Ⅲ to the Death of Šamši-Adad". *Journal of Ancient Civilizations*, 1994(2), p.135.

迪尔蒙商船与其他王国商船竞争盛况的记载。这些发现证实了迪尔蒙在公元前2000年至公元前1600年间已然垄断了周边地区的铜矿石贸易,并利用自身优势大量出口椰枣、珍珠、熏香等各色商品。

同时,得益于当时日益发达的建造技术,迪尔蒙人得以顺势将其赖以生存的城市向巴林岛北部进一步扩建,并于沿海位置建造了一座专供进出口贸易的巨型港口。通过对现存遗址的发掘和考证,人们发现该港口街道、市场、仓库等设施应有尽有,生活区、办公区和交易区排列整齐、分区明确,可见当时迪尔蒙的商贸文化已经相当先进。同时期发现的巴尔巴尔神庙遗址则向世人揭开了古巴林人宗教信仰的神秘面纱。该神庙呈现明显的两河流域捷姆迭特·那色时期(约公元前3100—前2900年)宗教建筑的特色,又融合了巴林本土的文化元素,宏大而又精巧。其中出土的青铜器、陶制品、圆形贝章等各类文物,有力地证明了当时的迪尔蒙手工制造业已经相当发达,建筑技艺业已十分高超,航海、造船、雕刻等方面也呈现一片欣欣向荣的景象。值得注意的是,在巴林岛上发现的圆形贝章因既不同于古代两河流域的圆筒印,又不与古代印度河流域的方形印章完全相似而被考古学家们命名为“迪尔蒙印章”。这些印章上刻的文字和公牛、大象、独角兽等动物的图案明显表现出古代印度河流域文明的特色,表明这既是迪尔蒙对外贸易的产物,又是对外贸易反过来作用于迪尔蒙推动社会发展的成果。到公元前21世纪前期,社会经济的进一步繁荣促进建造技术的不断提高。这一时期迪尔蒙巴尔巴尔地区的神庙得到修整和重建,卡拉特的城市建设也有了很大提升:其城市占地面积扩大到40多万平方米,高大坚固的城墙内街道密布,房屋林立。

公元前21世纪中期开始,世界局势的骤然转变也影响了迪尔蒙文明的发展方向。这一时期，一支南迁的雅利安人侵入印度，印度河文明开始衰落；发迹于底格里斯河中游的亚述人开始崛起，随后建立亚述帝国。最大的贸易伙伴逐渐式微，而潜在的竞争对手持续走强，这一局面迫使迪尔蒙慢慢失去世界贸易中心的地位，整个迪尔蒙文明开始由盛转衰。考古研究和史料记载，迪尔蒙从这一时期开始不断遭受外部的侵扰，首先前来进犯的就是两河流域的阿迦底人。约公元前2200年至公元前1900年，阿迦底国王塞古亲率大军兵临第一迪尔蒙城，这座繁盛一时的城市在战火中不幸被焚毁。迪尔蒙沦为阿迦底政权的附庸，岛上出产的椰枣深受阿迦底人的喜爱。[1]在塞古的备忘录中，巴林被描述为"其形如鱼，位于初生朝阳之海的中部"。而后来人们在巴林岛北部的卡拉特出土了50多块加喜特王朝国王阿古姆三世的泥板文书，证明迪尔蒙曾一度完全融入两河流域的文明圈。[2]虽然后来的巴林人民通过顽强反抗，一度建立了第二迪尔蒙城，但其往日的荣光却一去不返。

公元前1000年左右，来自地中海地区的腓尼基人登陆巴林。起初，他们与当地居民达成协议，利用岛上储量丰富的地下水资源种植了大量棉花。后来，他们与两河流域诸帝国建立了积极的联系并在巴林设立商业站点，从事该地区的转口贸易。在亚述人与迦勒底人争夺巴比伦的长期战争中，腓尼基人暗中支持亚述人，于是换得了亚述王提格拉-帕拉萨三世的保护，使其得以在整个海湾及周边地区开展自由的商业活动。他们从中国进口丝绸、茶叶和陶瓷，从印度运来奴隶、象牙和棉

---

① A. L. Oppenheim. "The Seafaring Merchant of Ur". *Journal of the American Oriental Society*, 1954(74), p.15.

② N. Veldhuis. "Kassite Exercises: Literary and Lexical Extracts". *Journal of Cuneiform Studies*, 2000(52), p.70.

纱,又向阿拉伯地区出口没药(没药是一味具有活血化瘀作用的药材,是一种树脂,常与乳香联合使用,对于血瘀导致的疼痛,治疗效果较好)、树脂和乳香,再把地中海的谷物、酒类、矿产、武器、香料等货物销往海湾各国,他们的商船遍布全世界。在腓尼基人的经营下,迪尔蒙重获新生,再度成为世界转口贸易的中心。公元前8世纪,亚述进一步扩张,迪尔蒙被纳入其帝国版图。公元前605年,新巴比伦王国的尼布甲尼撒二世于卡赫美士战役中一举消灭亚述帝国残余势力,征服了两河流域及地中海东岸各国,随后迪尔蒙被并入新巴比伦。公元前5世纪后,受希腊、罗马和波斯帝国的排挤,腓尼基人被迫撤出巴林岛,迪尔蒙作为传统商路上的重要节点的地位迅速下降。公元前4世纪,亚历山大大帝(公元前356—前323年)派遣军队攻占了科威特的法拉卡岛,迪尔蒙地区开始以提洛斯(Tylos)这一希腊名字为希腊人所熟知。亚历山大大帝去世后,马其顿帝国发生内乱,亚历山大大帝的部将塞琉古一世趁势崛起,建立塞琉古王朝(公元前312—前64年,我国史书一般称为“条支”),随后该王朝完全掌控巴林。公元前250年,帕提亚(Parthia)人征服了波斯和美索不达米亚,建立帕提亚帝国(公元前247—公元224年,又称阿萨息斯王朝或安息帝国),包括巴林在内的大部分海湾国家成为帕提亚帝国的势力范围。公元3世纪,帕提亚帝国在与罗马帝国的长期战争中基本耗光了国力,再无力维持对海湾地区的统治,奉行对外扩张政策的萨珊王朝(224—651年)强势崛起。早已失去迪尔蒙时代强盛荣光的巴林地区再次易主,就此沦为萨珊王朝的附庸。

"阿瓦利"的由来

　　巴林是一个群岛之国,由众多大大小小的岛屿组成。过去,岛上的土著和海湾沿岸各国的居民一样,都是阿拉伯族系的后裔。在伊斯兰教传入巴林前,巴林由波斯萨珊王朝委派阿拉伯长官统治,当地居民的宗教信仰可以说是五花八门。在2世纪以前,相当一部分的巴林部落崇拜氏族部落神,信仰拜物教。比如,伯克尔·瓦伊勒·本·拉比阿部落和泰米姆部落就将形似牛头、力大无比的"阿瓦利"(Awali)奉为其部落的守护神。后来随着巴林的强势,"阿瓦利"的名字得以在当时多个阿拉伯部落中广为人知。据说,当时巴林部落崇拜的"阿瓦利"很有可能也位列麦加天房供奉的360余尊神像之一。与其他部落一样,每逢朝拜之际,伯克尔·瓦伊勒·本·拉比阿部落也会前往麦加朝拜他们的部落神。

　　实际上,在伊斯兰世界中,从伊斯兰教兴起前至16世纪前后的这段漫长历史中,巴林一直被称为"阿瓦利"。当下一些阿拉伯国家的民间故事、诗歌古籍和俗语谚语中仍有不少"阿瓦利"的影子。12世纪阿拉伯著名地理学家伊德里西(Al Idrisi,1100—1166年)在其撰写的世界地理志《云游者的娱乐》(Nuzhat al-Mushtāq fī Ikhtirāq al-'Āfāq,又名《罗吉尔之书》)中提道:"巴林地区最主要的岛屿之一,是阿瓦利岛(现穆哈拉格岛)。从波斯港出发,要经50站方能到达;从阿拉伯港出发,经4站便可到达。该岛长6英里(约9.66千米),宽6英里(约

9.66千米）。阿瓦利首都叫巴林,是一座人口稠密的城市。岛上居住着以采珍珠为生的人。"

2—3世纪,受波斯萨珊王朝的影响,部分巴林人开始信仰基督教、犹太教和佛教。到公元4世纪巴林被波斯帝国统治时,波斯人又将他们的国教琐罗亚斯德教(Zoroastrianism,又称拜火教)的影响力带到了巴林。其中,在基督教诞生之前,琐罗亚斯德教是中东最有影响力的宗教。但由于缺乏足够的史料,该教派在巴林历史上的传播力度已经无从考证。公元5世纪左右,从东正教分裂出来的基督教教派之一的景教在巴林兴起。据考证,当时整个海湾地区共有5个景教教区,巴林占据其中2个。[①]因此,史学家们认为巴林曾一度成为当时的基督教中心之一。公元6世纪末,巴林地区开始出现封建社会的萌芽。

7世纪初,麦加人穆罕默德(Muhammad,约570—632年)于阿拉伯半岛西部地区创立伊斯兰教,由此,伊斯兰教在该地区快速兴起。由于在地理位置上与伊斯兰教发源地麦加和麦地那相距不远,巴林成为接受伊斯兰教对外传播最早的地区之一。公元621年,带着"先知"穆罕默德的指示,圣门弟子阿拉·伊本·哈达拉米以"先知代表"的身份来到巴林传教。从后来的历史发展来看,人们并不将伊斯兰教视作一般意义上的宗教,因为它不仅关注人们的精神生活,而且关注人们的物质生活。伊斯兰教的兴起破除了阿拉伯半岛上流传千年的偶像崇拜和血亲复仇等陈规陋习。"伊斯兰教不仅是一种宗教信仰,而且是一种社会制度、法律制度和经济制度,一种具有广泛影响力的社会生活方式与文明方式,它对伊斯兰国家具有广泛而深刻的

---

① 王广大:《当代巴林社会与文化》,世界知识出版社2016年版,第29页。

影响",①这一观点为绝大多数伊斯兰国家的人们所接受。因此,圣门弟子阿拉带着伊斯兰教"先知"穆罕默德的指示来到巴林进行传教,后来被视作伊斯兰教为巴林带来彻底的社会变革的历史开端。起初,巴林下层民众对伊斯兰教表现出了较大的兴趣,但部落显贵们出于维护自身利益和维持巴林统治的考量,拒不接受阿拉在巴林传教。622年,经过短暂的抵抗,巴林统治阶级的联合武装力量被阿拉所率领的穆斯林击败,巴林岛被穆斯林占领。数月后,在波斯的暗中支持下,巴林反对力量重新夺回巴林。633年,穆罕默德的挚友、顾问和岳父——伊斯兰历史上第一位哈里发艾卜·伯克尔(Abu Bakr al-Siddiq,约573—634年)派大军出征,巴林再度成为伊斯兰世界的一部分。为巩固统治,艾卜·伯克尔任命阿拉为巴林总督,负责处理巴林地区的一切大小事务。同时,为了安抚当地民众、缓解社会矛盾,艾卜·伯克尔及其继位者颁布了一系列补偿措施,例如,后来的哈里发欧麦尔·伊本·哈塔卜(Umar ibn al-Khattab,586—644年)直接向巴林民众发放50万迪尔汗(迪尔蒙钱币),并将"迪尔蒙"改名为"巴林",意为"两个海"。至此,巴林正式进入伊斯兰时期。而巴林作为在阿拉伯半岛之外,最早投入伊斯兰教怀抱的地区之一,其造船和航海等技术和经验又为后来伊斯兰教的对外扩张和阿拉伯帝国的崛起提供了极为重要的支持。

　　635年,为了进一步提升伊斯兰教的影响力进而掌控整个海湾沿岸地区,阿拉伯帝国以巴林为前沿阵地,兵分两路全面进军拜占庭帝国和波斯帝国。战争初期,巴林军队屡次败于波斯国王伊嗣俟(Yazdegerd Ⅲ,? —651年,又称耶兹底格德三

---

　　①　吴云贵:《伊斯兰宗教与伊斯兰文明》,《阿拉伯世界研究》2009年第1期,第3—11页。

世、叶兹德尔德等)的军队。644年,巴林军队在莱谢赫尔城之战中一举击溃波斯大军。萨珊王朝的影响力逐渐式微,最终走向灭亡。在伍麦叶王朝(661—750年,又称倭马亚王朝)统治时期,巴林成为阿拉伯帝国的一个省。在阿拉伯人的治理下,伊斯兰教的影响力迅速渗透整个巴林,巴林的社会经济也得以快速恢复。随着海内外市场的兴旺,巴林的转口贸易再度繁荣起来。借由巴林频繁的对外交流,伊斯兰教又得以从这里进一步走向世界。

679年,阿拉伯帝国第五代、伍麦叶王朝第一代哈里发穆阿维叶一世(Mu'āwiya Ⅰ,661—680年在位)设计迫使宗教领袖们接受其子叶齐德为哈里发继承人。这一做法使得阿拉伯帝国从此成为由世袭王朝统治的封建国家,但由于它破坏了伊斯兰哈里发选举制度,遭到什叶派和哈瓦利吉派的大力反对。在叶齐德一世去世后,哈瓦利吉派趁机进占巴林。到伍麦叶王朝第五任哈里发阿卜杜勒·麦利克('Abd al-Malik,646—705年)统治时期,巴林重回伍麦叶王朝的怀抱。这一时期,为满足日益增长的教徒们的需求,伍麦叶王朝在巴林修建了大量清真寺,其中最著名的当数建于692年的哈米斯清真寺,这是历史上最古老的清真寺之一,该寺遗址位于如今的麦纳麦市郊,至今保存完整。

9世纪中叶,在美索不达米亚黑奴起义过程中,卡尔马特派兴起并逐步壮大。这是一个由什叶派分支伊斯玛仪派的秘密会社组建的教派,主张平等与博爱、财产公有、平分生活福利,反对阿拔斯王朝(750—1258年)对巴林的统治。894年,卡尔马特教众在巴林发动起义,驱逐了阿拉伯人委任的总督,宣布巴林从此脱离阿拉伯帝国独立。899年,在当地阿布尔·凯斯族人支持下,巴林的卡尔马特派转守为攻,横渡大洋,占领阿拉伯半岛东部地区,在阿拉伯湾西岸建立独立国家,定都艾赫萨(今胡富夫)。900年,阿布·赛义德·詹纳比被推选为国家领袖,卡尔马特共和国正式建立。在阿布·赛义德的统治下,卡尔马特共和国迅速壮大,成为阿拉伯帝国在该地区的重大威胁。913年,在调遣大军征讨卡尔马特共和国未能成功后,阿拔斯王朝指派刺客暗杀阿布·赛义德。在阿布·赛义德被刺杀后,其子阿布·查希尔·苏莱曼继任,奉行大举对外扩张的国策。930年,阿布·查希尔在朝觐月期间率军攻占麦加。在这次突袭中,约两万名朝觐者被杀,麦加城几乎被夷为平地,黑石等伊斯兰教圣物被下令运往巴林。

　　总的看来,从伊斯兰教诞生到卡尔马特共和国进入鼎盛时期(10世纪下半叶),在这段漫长的伊斯兰史中,巴林曾数次脱离伊斯兰又回归伊斯兰怀抱。如此反反复复,最终被穆斯林征服,伊斯兰教成为其主导宗教。相比之下,哈瓦利吉派对抗伍麦叶王朝统治的斗争迅疾而又短促,卡尔马特派对抗阿拔斯王朝的运动为巴林带来的影响则更大,意义更为深远。政治上,它使得巴林再一次从强权帝国中独立出来,拥有了自己的话语权;宗教上,卡尔马特派否认官方的伊斯兰教教义,允许教众对伊斯兰"圣谕"进行自由的解释,同时宣布奉行新的治国策略,允许宗教上的思想自由并宽容异教徒。这些新的举措一定程度上为当时的巴林带来了一些发展机遇。但与此同时,统治巴林的卡尔马特派又试图重新推行公社奴隶制和世袭统治,并打压和剥削商人、农民、手工业者等下层民众,使得巴林上下离心离德,积重难返。988年,巴林部分地区被当时统治波斯的布韦希王朝(945—1055年,又称白益王朝)占领。1058年,塞尔柱帝国大举进犯卡尔马特,阿卜杜·葛伊斯部落的艾卜·白赫鲁勒家族趁机宣布独立并占领巴林。1066年,艾卜·白赫鲁勒家族击退试图夺回巴林的卡尔马特人,此后近10年间,巴林一直处于该家族的统治之下。1077年,统治巴林的艾卜·白赫鲁勒家族被欧尤尼和塞尔柱联军击败,阿拔斯王朝吞并巴林,宣告卡尔马特共和国从此灭亡。

　　作为一个在阿拉伯国家社会发展和需要的基础上逐渐形成的涵盖宗教、思想、社会生活等诸多方面的文化体系,伊斯兰教继承了阿拉伯民族的传统文化遗产,同时兼容并蓄西亚、北非等众多民族的文化精粹,最终发展成为一种具有广泛影响力的社会生活方式与文明方式,在以海湾沿岸地区为代表的伊斯兰国家具有广泛而深刻的影响。尽管海湾六国都是阿拉伯国家,在人口构成、政治制度方面有所相似,但每个国家都由于其独有特点而显得与众不同。相比其他海湾国家,巴林社会结构的显著特征是少数逊尼派和多数什叶派共存,且前者对后者施加统治。巴林什叶派人数占全国穆斯林的75％,但政权却掌握在少数逊尼派手里。因此,巴林政治发展的重要特点之一便是民主化进程始终贯穿逊尼派与什叶派之间的教派分歧与斗争。多数阿拉伯国家都存在不同程度的教派冲突,巴林的教派冲突表现尤为明显,至今仍是巴林政治民主化进程的重要影响因素。

　　1941年,什叶派占巴林总人口的52.5％,2006年,这一数字粗略估计上升到了62％,巴林由此成为阿拉伯世界什叶派比例最高的国家。[①]从民族层面来说,什叶派由两个种族组成:较大的一支被称为巴哈那(Bahama),发源于阿拉伯半岛,是阿拉伯

---

① Rosemarie Said Zahlan. *The Making of the Modern Gulf States*: *Kuwait*, *Bahrain*, *Qatar*, *the United Arab Emirates and Oman*. London: Ithaca Press, 1998, p.59.

部落的后裔；较小的一支则是波斯人的后代，被称为阿加姆（Ajam）。多数什叶派隶属于十二伊玛目派，遵循贾法里教法。

　　总之，在巴林国内，宗教背景、教派联盟及种族起源和政治稳定之间是紧密相连的。为了加强不同群体的认同意识，巴林统治者势必要改变既有政策，提高其社会地位，扩大其政治权利，并在经济领域给予适当倾斜照顾，以稳定国内秩序，促进不同群体之间的和平共存、共同发展。

跨越世纪的沉浮

　　阿拔斯王朝入主巴林后,对岛上居民进行疯狂屠杀,毁坏了大片原有的果园和椰树园,并任命新的代理人统治巴林。作为回应,巴林民众奋起抵抗,成功将上任不久的总督阿布尔·巴卢尔赶下台来。此后巴林地区的统治者一再更换,但它始终只是长期作为阿拔斯王朝治下的其中一个附庸酋长国存在。进入11世纪后,巴林又被迫成为波斯的附庸。在波斯人的统治下,一系列强有力的治理策略又使得巴林逐渐繁荣起来。宗教信仰方面,伊斯兰教被引入巴林并逐渐发展成为当地大多数人信仰的宗教,一定程度上改变了巴林民众的信仰。政治举措方面,来自波斯的统治者掌控了巴林地区的手工业和海洋贸易等各类商业活动,将恢复巴林经济作为巩固其统治的主要举措。这些措施最终收效良好,巴林逐渐发展成为连接印度、两河流域和伊拉克中东地区的重要海上贸易中转站。13世纪初,海湾各部落爆发内乱,海湾外围的世界格局也风云变幻。一边是中亚突厥游牧部落的奥斯曼人崛起立国,一边是征南逐北震撼世界的蒙古铁骑来势汹汹,伊斯兰世界一下陷入了内忧外患的局面。

　　1235年,阿拔斯王朝正忙于抵抗外来者而无暇西顾,波斯南部法尔斯地区的统治者阿布·贝克尔·伊本·赛义德(1230—1260年)趁机进犯巴林。他的军队先是占领了卡提夫港,后又顺势吞并整个巴林地区,巴林群岛再度成为法尔斯的一部分①。1252年,巴林又被阿斯夫尔(阿米尔人)占领。13世纪,成吉思汗之孙旭烈兀率领的蒙古大军占领了包括河中、波斯和美索不达米亚在内的广大伊斯兰地区。1258年,阿拔斯王朝的统治中心巴格达被鞑靼蒙古人包围,最后一任哈里发穆斯台绥木(1213—1258年)宣布投降不久后便被蒙古人处死,阿拔斯王朝宣告灭亡,整个海湾地区随即成为蒙古人的势力范围。为保护他们在这一地区的商业活动,蒙古人长驱直入,进一步将影响力推进至整个阿拉伯半岛南部地区,包括巴林在内的海湾沿岸大部分地区实际被蒙古人掌控。但在继续向南深入的过程中,蒙古人遭到了阿拉伯湾海岛城邦霍尔木兹王国的顽强抵抗,其铁骑大军被迫止步于此。1256年,旭烈兀在西亚建立蒙古帝国四大汗国之 ·的伊利汗国(Ilkhanate,1256—1335年,又称伊儿汗国),附属国包括阿富汗的卡尔提德王朝、克尔曼的后西辽、土耳其的罗姆苏丹国及格鲁吉亚。蒙古帝国在阿拉伯南下受阻后,伊利汗国联合其附庸酋长国对霍尔木兹王国实行严格的海上封锁,迫使霍尔木兹王国统治者铤而走险进行大规模对外扩张。1302年,霍尔木兹王国其中一个附庸酋长国的统治者库特布丁亲率舰队进入海湾并一举夺取巴林等地。这一次,巴林的统治者从蒙古人变成了加尔旺尼人,也就意味着巴林被间接纳入霍尔木兹王国的版图。这种格局一直持续到15世纪。在这期间,第一次有历史文献提到巴林城市麦纳麦(如今巴林的首都)。

实际上,在14世纪的巴林岛上已经发展形成了300余座大大小小的村庄,人口规模也有了较大的增长。但受限于自然地

---

① 韩志斌:《列国志:巴林》,社会科学文献出版社2014年版,第30页。

理、社会政治等各种错综复杂的条件,岛上的居民仍然只能从
事水产捕捞、珍珠采集、椰树种植等传统行业。加上统治阶级
的剥削和当地富商的压榨,即使当地海运贸易一度繁荣,巴林
出产的珍珠、椰枣、鱼类等商品大多数被进贡到霍尔木兹,各类
商业贸易的绝大部分利润也被掌握在权贵们手里,霍尔木兹的
繁盛时期却成为巴林地区的相对衰落时期。此消彼长,最终在
巴林引发了重重社会矛盾。据考证,从14世纪末至15世纪初,
巴林地区起义不断,且规模、声势浩大。起义的主要参与者便
是当地深受剥削和压迫的农民、手工业者和城市贫民。公元
1384年,巴林爆发大规模起义,起义者一度已经夺得巴林群岛
的实际控制权,但后续遭到霍尔木兹王国的残酷镇压,起义最
终宣告失败。在此后长达近1个世纪的时间里,巴林人民从未
放弃争取自由的抗争,不断起义。15世纪初,霍尔木兹王国出
现严重的经济政治危机,巴林人民的起义第一次动摇了加尔旺
尼人在当地的统治。公元1475年,巴林宣布脱离霍尔木兹的
控制,成立巴林酋长国。但好景不长,1487年,由阿贾瓦德·本·
扎米勒率领的赫布尔游牧部落征服了巴林,巴林从此沦为阿曼
的附庸,直至16世纪初。

　　16世纪伊始,海湾地区第一次出现了葡萄牙舰队的身影。
公元1507年,有着"东方恺撒""海上雄狮"和"葡萄牙战神"之
称的葡萄牙海军将领阿方索·德·阿尔布克尔克(葡萄牙语:
Afonso de Albuquerque,1453—1515年)亲率6艘当地人从未
见过的葡萄牙大型战船抵达阿拉伯湾,停泊于霍尔木兹岛附
近。阿尔布克尔克和他的船队此行的目的就是征服该地区,封
锁伊斯兰世界的阿拉伯湾贸易,从而保护葡萄牙从欧洲到东印
度地区的香料贸易。尽管在士兵数量、舰船规模上都存在极大
劣势,这支远道而来却又雄心勃勃的葡萄牙舰队最终还是凭借

更加先进的武器技术、更加丰富的作战经验以及背水一战的惊人意志夺得了霍尔木兹战役的胜利。这场战争的失败，也使得酋长图朗失去对霍尔木兹王国的实际统治权，成为葡萄牙王国的傀儡政权。而葡萄牙则得以借助图朗的名义在巴林修筑海军基地，进而控制了整个海湾地区。在这期间，葡萄牙人陆续在巴林群岛海岸线上修建了一大批葡式风格的军事堡垒。后来这些堡垒为保护阿拉伯湾海上贸易发挥过巨大作用，一些被人们保存下来，已成为文化遗址，其中便包括2005年被联合国教科文组织列入世界遗产名录的巴林堡。

公元1521年，在奥斯曼帝国的暗中支持下，巴林岛上爆发了反对葡萄牙殖民统治的大规模起义。起义群众声势浩大，他们一口气杀死了大量葡萄牙殖民军，摧毁了一座座由葡萄牙人建立的军事堡垒。这次起义让葡萄牙当局大为震惊，其后霍尔木兹海军将领安东尼乌·科勒阿奉命率舰队前往巴林镇压。起初安东尼乌·科勒阿的部队成功击退了当地的起义者并占领了巴林的主要据点，但暴力镇压的方式不仅没有缓解当地的紧张局势，反而加剧了当地居民和葡萄牙统治者的对立。在起义中领导巴林民众进行英勇抗争的侯赛因·伊本·赛义德决定暂时隐匿起来，等待日后卷土重来。由于对葡萄牙殖民者深恶痛绝，巴林岛上的居民纷纷暗中支持侯赛因，为其日后发动反攻保存了有生力量。1522年，侯赛因领导的起义部队从卡提夫地区出发强渡海滩，对巴林岛上的葡萄牙守军发起了进攻。这一战，以葡萄牙殖民者被击败宣布告终，葡萄牙统治者任命的巴林原总督被判处死刑。经过与葡萄牙当局长达1年多的谈判，侯赛因被任命为新的巴林总督，但条件是允许葡萄牙在巴林"租借"海军基地并驻军，允许葡萄牙当局在巴林征收苛捐杂税，允许葡萄牙商人在巴林群岛上进行各类资源的自由开采，还允许葡萄牙当局在巴林总督身边委任"顾问"。这次妥协直接葬送了巴林民众的起义成果,16世纪20年代末期,巴林再度完全沦为葡萄牙殖民地。1529年,巴林再度爆发声势浩大的武装起义,葡属印度洋地区的殖民总督奴怒·达·库尼亚派遣部下前往巴林镇压,但遭到巴林起义者的顽强抵抗。后葡萄牙当局派遣本土舰队前来援助奴怒·达·库尼亚,在舰队到达时,巴林岛上突然暴发严重的瘟疫,造成双方军队的大量非战斗减员。后来,巴林起义者被奥斯曼帝国出卖,起义于1534年正式宣告失败。从16世纪初期算起,巴林前后共被葡萄牙殖民统治80余年。在此期间,借助巴林在海上贸易的地理优势,葡萄牙当局得以垄断整个欧洲通往东方世界的香料和丝绸贸易线路;反过来,巴林又得以借助海上贸易的辉煌再次发展成为整个海湾地区最繁荣的港口之一。也是从这一时期起,巴林被外国殖民统治长达300余年,从葡萄牙到奥斯曼,到波斯,到荷兰,再到英国,各个不断崛起的海上强国为争夺海上霸权,你方唱罢我登台,轮番侵扰巴林这个自古以来本就不得安宁的岛国。而对殖民统治深恶痛绝的当地居民,也从未放弃抵抗,他们一代又一代的人不断起义,从16世纪到20世纪的数百年间一直都在为争取家园独立而英勇抗争。

16世纪中期,奥斯曼帝国觊觎葡萄牙在海湾地区的殖民事业,开始频繁进犯葡萄牙在这一地区的殖民领地。1551年奥斯曼帝国决定首先在巴林登陆但未能获得成功,其后帝国军队集中兵力转向对付葡萄牙在海湾地区的几个要塞据点。受局势影响,葡萄牙不再直接从霍尔木兹委派总督来统治巴林,转而在巴林当地人中扶植新的傀儡——穆德莱伊斯,实行"以巴林人治巴林人"的另一种间接统治方式。16世纪末,世界上第一个"日不落帝国"西班牙崛起,葡萄牙在海湾地区的影响力急速下降,奥斯曼帝国乘虚而入,强渡哈萨海岸一举占领了巴林。1581年底,奥斯曼帝国的势力范围已经扩展至阿拉伯半岛东部和南部大部分地区。这一时期,整个巴林的外部环境已经发生了翻天覆地的变化:奥斯曼人为争夺巴林的统治权和葡萄牙人打得不可开交;波斯的萨法维王朝统治者开始意识到海上霸权的重要性,公开介入海湾地区的局势;英国和荷兰作为新兴的海上力量强势崛起,并不断加大在中东的影响力。1580年,葡萄牙国王塞巴斯蒂安一世在巴林王国的阿尔卡塞尔-克比尔战役中战死,没有留下后嗣。西班牙国王腓力二世趁机宣称自己是葡萄牙王位的合法继承人,出兵攻占了葡萄牙全境。这样,葡萄牙就成了西班牙的附庸国,失去了海上霸权和对殖民地的控制,不久后彻底失去了在巴林的殖民统治权。此后,波斯人开始接替葡萄牙人,成为巴林群岛新的殖民统治者。

16世纪末、17世纪初,继阿契美尼德王朝、萨珊王朝以后第三个完全统一波斯东西部的波斯王朝——萨法维王朝快速崛起,对原有的以葡萄牙和西班牙为主导的殖民帝国体系构成强有力的威胁。在这之前的1个多世纪里,波斯人为了维系自己传统的陆上霸权,将注意力主要放在了两河流域以西的奥斯曼帝国上。到萨法维王朝第五位统治者沙阿阿拔斯一世(Abbas Ⅰ of Persia,1571—1629年)继任时,波斯人看到了向南参与世界海上贸易的可能。1602年,在当地商人的领导下,巴林人再度掀起反抗葡萄牙殖民统治的起义。但由于实力对比悬殊,巴林人不得不向外界寻求帮助,这为波斯介入巴林提供了绝佳的机会。在以雪利兄弟为首的英国"顾问"的建议下,阿拔斯一世下令法尔斯地区总督阿拉维德汗率军进驻巴林,巴林群岛成为法尔斯省的一部分。西班牙统治者对阿拔斯一世的行为感到极为愤怒,命霍尔木兹总督派军切断了萨法维军队的海上后勤线路。苦于缺乏成熟的海军舰队,又没有把握能战胜对手,阿拔斯一世最终选择和西班牙国王腓力三世(Felipe Ⅲ,1578—1621年)谈判求和。但谈判的结果却是西班牙最终做出了让步,承认巴林群岛归属于萨法维王朝,统领巴林的地方总督实际上听命于法尔斯总督阿拉维德汗。后来,波斯人断断续续以间接或直接的方式统治巴林,一直到1783年。

从1588年到1602年,西班牙无敌舰队先后五次试图侵略英格兰的远征均以失败告终,漫长且无意义的消耗战使盛极一时的西葡帝国不可避免地走向衰落。这种衰落的其中一个表现便是在那之后,西葡帝国已渐渐无力维系其在海湾地区的殖民统治。1612年,意在夺取霍尔木兹消除其威胁,萨法维军队剑指阿巴斯港。西班牙国王腓力三世再次向阿拔斯一世表示了其诚意,愿以媾和解决争端。1623年,在英国人的帮助下,萨法维军队对霍尔木兹发起攻击。随后,霍尔木兹陷落,西葡帝国在海湾地区的势力范围被进一步蚕食。

和葡萄牙殖民者一样,波斯人一进驻巴林便在岛上修建了海军基地和大量军事防御工事。但又与前任统治者不同的是,波斯殖民者并不致力于恢复巴林本土的社会和经济秩序,他们着重强调巴林重要的军事地位,整个巴林岛上四处弥漫着萨法维王朝的大国沙文主义。这种做法进一步激化了巴林的社会矛盾,激化了本土的阿拉伯人和外来的波斯人之间的民族对立,巴林又一次掀起反抗殖民统治的独立运动高潮。至17世纪30年代初,巴林人的斗争已经取得了阶段性胜利,对波斯人的殖民统治已经构成严重威胁。1636年,起义斗争被萨法维军队残酷镇压,巴林的民族独立运动被扼杀于摇篮中。这一时期,整个巴林社会经济遭受重创,工商业损失惨重。同时,在这一时期,除了波斯人,奥斯曼土耳其人也曾宣称自己对巴林掌握统治权,并委任埃米尔管辖巴林。1717年,崛起于阿拉伯半岛南部的阿曼再次介入巴林局势。他们的舰队渡过海峡攻占巴林,清除波斯守军及其潜在势力后,阿曼宣布将巴林纳入版图。

1736年,萨法维王朝重新统一稳定后新的统治者纳迪尔上台,加上从英国购买到大量新式海军装备,波斯海军舰队的实力得到大幅提升。1737年,波斯舰队在巴林岛附近海域大规模集结,岛上的阿曼守军不战而降,巴林又重新回到波斯人的统治之下。然而,新的统治者依旧不顾当地居民的基本需求,实行大国沙文主义,压迫剥削当地居民。巴林岛上的社会矛盾日益尖锐。1743年,长期的宗教矛盾引发奥斯曼帝国与波斯萨法维王朝之间的伊土战争(也称"尼西亚战争"),波斯对巴林的掌控减弱。次年,阿曼马斯喀特地区爆发武装起义,起义在该地区获得成功后迅速向周边地区扩展。不久后,波斯殖民统治者被起义群众成功赶出巴林。

在那之后,巴林一直以一个独立酋长国的姿态存在了10余年。18世纪50年代,波斯人卷土重来,重新占领了巴林。彼时的巴林,在过去数百年间不断上演从被殖民到独立,又被殖民又成功独立的故事,岛上的居民也早已厌恶了残酷的殖民统治者。于是,在不遗余力争取民族独立的强烈呼声下,在哈利法家族的带领下,巴林群众奋起反抗,最终于1783年将波斯殖民者彻底赶出自己的家园。

哈利法家族入主巴林

　　巴林如今的政体是二元制君主立宪制,国会执掌行政的权力来自国家元首,而国家元首则由哈利法家族世袭。从18世纪末期至今,手握国家政治、军事及经济大权的哈利法家族,已经统治巴林230余年。

　　17世纪末18世纪初,阿拉伯半岛发生严重干旱,本就不太适宜人类居住的自然环境进一步恶化,导致内部纷争不断。再加上当时海湾沿岸海上贸易的发达和珍珠贸易的越发繁荣,阿拉伯半岛的游牧民族一次次掀起向沿海地区迁移的浪潮。18世纪中期,阿拉伯人的一支贝都因人(Bedouins)出现在海湾沿岸,他们来自阿特班(Utab)游牧部落。"Utab"一词来源于阿拉伯语词"atab",意为"wander",即"漫游",喻指该部落自阿拉伯半岛的内陆沙漠地区一路迁徙至西南部海湾沿岸。贝都因人原本生活在沙特阿拉伯内志(Nejd)的哈达尔地区,迁移出来后足迹很快就遍布了阿拉伯半岛东部地区,向北至阿尔·萨巴赫(Al Sabah)家族建立的科威特酋长国,向东则到哈立德部落建立的卡塔尔酋长国①。这期间,巴林后来的统治者哈利法家族因与科威特统治者萨巴赫家族矛盾重重,几经辗转,1766年,最终自科威特南迁到了卡塔尔半岛。为了在那里站稳脚跟,哈利法

---

　　① Federal Research Division. *Bahrain.* Whitefish: Kessinger Publishing,2004,p.9.

家族的领导人穆罕默德·本·哈利法(Muhammad bin Khalifa)与当地的萨拉姆部落达成协议:哈利法家族可以迁往卡塔尔西北岸盛产珍珠的城市祖巴拉(Zubarah)定居,但为此他们必须每年向萨拉姆部落缴纳大宗税款。为免受岛上原住民的伤害,哈利法家族在祖巴拉建立了新的政权,拥有了一定数量的军队并颁布了一系列促进当地工商业发展的法令。在哈利法家族的苦心经营下,祖巴拉的珍珠业迅速繁荣起来。而相比之下,当时海湾地区的珍珠贸易中心巴士拉不断遭受波斯统治者卡里姆汗的袭击。在巴士拉完全被波斯掌控后,原有的营商环境被破坏,且剥削不断,税赋繁重。于是,许多在当地从事珍珠业的商人和擅长贸易的居民被迫逃往祖巴拉,在那里重新开始他们的生意。与此同时,哈利法家族因多次引导祖巴拉居民击退前来进犯的纳季德沙特家族,威望剧增。加上岛上蓬勃发展的珍珠贸易为其带来了迅速增长的财力,哈利法家族得以进一步巩固自己在这一地区的地位,一时风头无两。当所有这些因素聚合在一起,很大程度上进一步促进了祖巴拉的快速发展,使其在极短时间内便跻身海湾地区极负盛名的海港城市。后来,随着财富和权势的快速增长,哈利法家族便不再满足于偏安一隅、固守祖巴拉岛。为取得更大的发展空间,他们开始将目光转向了当时世界珍珠贸易的中心——与祖巴拉相隔不过几千米的巴林群岛。

实际上,巴林正是哈利法家族1766年自科威特南迁时最初选定的目的地,但是由于岛上马兹库尔家族的反对,这一构想未能实现。在哈利法家族决定重返巴林时,整个巴林群岛仍处于波斯人的统治之下,岛上驻扎有大量波斯守军。起初,哈利法家族的穆罕默德酋长企图复刻他们得到祖巴拉的方式,再次通过和平谈判和利益交换的方式直接获得对巴林的掌控权。

为此他邀请了当时的布什尔总督和波斯驻海湾司令举行三方谈判。他的条件是巴林总督从此由哈利法家族担任,作为交换,除了每年缴纳巨额的税款,他们还愿意以其他方式进行补偿。但实际上,这次谈判大概只是哈利法家族的一厢情愿。祖巴拉的崛起已然威胁到了波斯在海湾地区的转口贸易,这显然是波斯统治者不愿意看到的局面。早在谈判正式进行前,巴林岛上的波斯商人就已经联合起来向巴林及波斯当局表示过抗议。因此,结果并不出人意料,哈利法家族的要求遭到拒绝,谈判桌上也并未达成任何实质性决定,最终三方不欢而散。后来,因为和谈没有达到目的,哈利法家族开始筹谋武力攻占。从那之后一直到1782年的6年时间里,哈利法家族曾多次率军攻打巴林。但由于岛上的波斯驻军除了有波斯当局的支持外,还获得岛上富商源源不断的资助,因此与哈利法家族相比,无论是军事力量还是后勤补给等各个方面,波斯守军都占据着绝对优势。这种优势的最终体现,就是哈利法家族用武力攻占巴林的计划一次又一次失败。

时间来到1783年,哈利法家族的领导人哈利法·本·穆罕默德(Khalifa bin Muhammad)酋长及其兄艾哈迈德·本·穆罕默德(Ahmed bin Muhammad)意识到单靠他们一支力量无法取得胜利。于是他们调转方向,积极谋求与阿拉伯半岛东部的诸部落合作。作为交换条件,他们许诺在完全掌控巴林后将会为那些部落开放当地一部分珍珠业,并让他们参与整个海湾地区的珍珠贸易中来。这一条件对当时略显落后而迫切寻求发展突破的诸部落来说确实足够诱人,尤其是海湾地区珍珠贸易那块巨大的蛋糕。于是,在几个势力较强的部落首先应允了哈利法家族的合作请求后,各部落欣然答应与哈利法家族结成战时同盟,目标直指巴林。也就是在这一年,艾哈迈德·本·穆罕默德最终率领由多个部落组成的联军打败了岛上占据绝对优势地位的波斯守军,成功攻上巴林岛。[1]随后哈利法家族乘胜追击,迅速占领整个巴林群岛,波斯萨法维王朝委派到巴林群岛的统治者纳斯尔·本·玛德库拉(Nasr bin Madlkur)被哈利法家族赶出巴林。[2]波斯人被驱逐后,被称为"军事征服者"的艾哈迈德成为巴林的统治者,并将麦纳麦定为巴林的首都。[3]他是巴林哈利法家族的始祖,该家族统治巴林一直到现在。

虽然早在哈利法家族迁往巴林前,其影响力便已遍及整个卡塔尔半岛,从军事到司法,再从民事到税收,卡塔尔各个社会系统中都有哈利法家族的渗透,甚至有许多社会问题未通过哈利法家族的授权便无法解决,但哈利法家族仍面临着许多困境,当地居民并不认同他的统治,只是将艾哈迈德看作征服者。在宗教方面也存在分歧,巴林岛居民以什叶派为主,而阿特班部落的阿拉伯人是逊尼派。[4]艾哈迈德只好退守祖巴拉,希望从波斯获得援助,帮助自己恢复地位,但前途渺茫。作为志在接过父亲权杖带领哈利法家族开辟新的伟大事业的精神领袖,艾哈迈德在回到祖巴拉后终日为收复巴林忧心忡忡。1794年,艾哈迈德耗尽毕生精力后去世,被埋葬在麦纳麦。其子萨勒曼·本·艾哈迈德(Salman bin Ahmed)开始接替艾哈迈德对巴林展开新一轮统治,于1796年将行政机构从祖巴拉搬到巴林

---

① Joseph A. Kéchichian. *Power and Succession in Arab Monarchies*: *A Reference Guide.* London: Lynne Rienner Publisher, 2008, p.67.

② 韩志斌、温广琴:《从伊斯兰法到二元法——巴林法律体系的变迁轨迹》,《阿拉伯世界研究》2009年第4期,第12页。

③ Carol Ann Gillespie. *Bahrain*. Philadelphia: Chelsea House Publishers, 2002, p.33.

④ 韩志斌:《列国志:巴林》,社会科学文献出版社2014年版,第35页。

岛,并确立以穆哈拉格为政治中心,祖巴拉被授权交与宣誓向哈利法家族效忠的努艾姆部落管辖,这也成为后来与卡塔尔的领土争端中巴林索取祖巴拉地区时哈利法家族主张的依据之一。另一子阿卜杜拉·本·艾哈迈德(Abdullah bin Ahmed)统治至1842年。然而好景不长,在萨勒曼成功进驻巴林后不久,伊斯兰世界就掀起了一股瓦哈比派运动(Wahhabi movement)。该派教众要求"伊斯兰精神的更新",并以宗教认同的名义进攻巴林。1800年,在沙特家族的首领阿卜杜勒·阿齐兹·伊本·沙特的领导下,瓦哈比派一举征服了包括巴林在内的阿拉伯半岛广大地区。同年,英国皇家海军舰队以抵抗法国入侵埃及为由浩浩荡荡地开进海湾地区。而实际上英国是害怕势头正盛的瓦哈比派的沙特家族会威胁到东印度公司的利益,才找了个借口公然染指海湾事务。

1802年,在英国的支持下,阿曼联合法尔斯总督进攻巴林的瓦哈比派驻军,但遭到后者的顽强抵抗。在经历了长达3年的持续战争后,1805年,阿曼在英属印度殖民当局的支持下,打败前来进犯的瓦哈比派势力,萨勒曼和阿卜杜拉两兄弟也曾向英国求援。但此时的巴林已经被各种势力交错渗透,且相互僵持不下。除了阿曼,还有沙特家族、波斯的军事力量,甚至连法国、德国、奥地利及一些其他欧洲国家都想在巴林的珍珠业分一杯羹,整个巴林的局势极为复杂。1808年,马斯喀特的海军也加入对巴林的争夺,瓦哈比派总督战败逃往卡提夫。英国趁机派军占领了巴林,但很快又被哈利法家族和卡提夫地区的联合武装击败,退出了巴林岛。

在这之前,哈利法家族曾试图通过借助英国和阿曼的力量实现巴林独立,但经过这一番斗争后,哈利法家族看清了这些境外势力的真实面目,最终决定依靠自己的力量摆脱瓦哈比派和其他派系的控制。1810年,巴林和波斯同时爆发反抗瓦哈比派运动的起义。本次起义成功将瓦哈比派的所有军事、行政和宗教人员赶回了阿拉伯半岛,起义后巴林宣布酋长国独立。[①]在此后的数年间,哈利法家族带领巴林居民先后抵抗了阿曼的军事入侵和埃及的海上封锁。在狭小的穆哈拉格岛上,在奥斯曼的霸权威胁、沙特阿拉伯的部落冲突及英国的殖民统治之间,哈利法家族为赢得巴林的真正独立而不断抗争。

　　这种两个酋长共同执政的局面一直持续到1821年萨勒曼突然去世,阿卜杜拉独掌大权。由于阿卜杜拉拒绝再与萨勒曼之孙穆罕默德·本·哈利法共同领导巴林,哈利法家族内部发生第一次重大决裂,阿卜杜拉派系与穆罕默德派系为争夺领导大权进行长期政治斗争。1843年,在英国的操纵下,阿卜杜拉酋长被废,斗争失败的阿卜杜拉被流放到祖巴拉,政教统治落入穆罕默德·本·哈利法手中,其成为巴林地区的唯一领导人。[②]当时统治卡塔尔的阿勒萨尼家族主管半岛上多哈地区的税收事务。在哈利法家族迁往巴林后,阿勒萨尼家族得到英国的支持,很快发展成为卡塔尔半岛上最强大的势力。这一局面当然是哈利法家族不愿意看到的,双方一度剑拔弩张。1869年,位于巴林麦纳麦和科威特祖巴拉两个地区的两支哈利法家族在各自同盟国的支持下将矛盾再次升级,最终爆发大规模武装冲突。阿里酋长和他的亲信被击毙,穆罕默德·本·哈利法酋长又夺回对麦纳麦和穆哈拉格的统治权。在之后的起义和战斗中,穆罕默德·本·哈利法酋长等被俘。本次冲突影响恶劣,对巴林

---

　　①　韩志斌:《列国志:巴林》,社会科学文献出版社2014年版,第39页。

　　②　Joseph A. Kéchichian. *Power and Succession in Arab Monarchies: A Reference Guide.* London: Lynne Rienner Publisher, 2008, p.69.

造成了毁灭性的打击,导致英国殖民当局没法再"睁一只眼闭一只眼"放任哈利法家族继续内斗。为了"维护范围体系内的稳定",英国将冲突双方的酋长逐出了各自的势力范围,巴林的实际统治权落入英国驻海湾政治驻节公使手中,英国扶植年仅21岁的伊萨·本·阿里·阿勒哈利法开始执政。

在伊萨·本·阿里·阿勒哈利法执政后,巴林岛内的政局得以快速稳定下来,其后他趁热打铁,又在教育、司法和行政管理等多个领域推行改进措施,使得巴林在这些方面取得快速且长足的进步,这种进步集中体现在当时市政机构的设立及治安与海关部门的筹备建设上。1878年至1898年之间,巴林的内部贸易得到了很大发展,水上码头在麦纳麦建成,重量砝码标准化,首家银行开业,1884年开始有了邮局,1916年开始有了电报局等。伊萨·本·阿里·阿勒哈利法共在位54年,是巴林历史上非常重要的领袖,沙特阿拉伯王国国王阿卜杜拉·阿齐兹曾这样评价他:"他不仅是海湾之父,而且是阿拉伯世界之父。"在他退位后,由他的儿子哈马德·本·伊萨接替执政。他生于1874年,是伊萨酋长的次子。1896年被指定为继承人,从那时起开始介入政府事务。1923年5月26日成为副酋长,1932年12月其父去世后成为酋长。哈马德哈利法统治时期,整个巴林得以凭借开采和出口石油进入一个崭新且繁荣的历史发展新时期,石油的勘探与开采为巴林带来了前所未有的丰厚利润。有了足够的财力支持,巴林大举兴建包括卫生、水电、交通等在内的各类公共服务基础设施。1932年第一部电话开始使用,1938年第一座影院落成,1939年第一家报纸创办,1940年第一家电台运行,首家政府酒店于1939年至1942年间开业,1941年进行了首次人口普查等。这一时期建成的新堤道极大地缩短了穆哈拉格与首都麦纳麦的往返时间,使得两地的居民和各类商业活动被更加紧密地联系起来；而巴林国际机场的落成则使得巴林居民从此有了更好的机会了解世界，也使得外部世界能够更加全面地认识巴林。更为重要的是，巴林的教育事业也得到大幅改善。

1961年，现代巴林的先驱伊萨·本·萨勒曼·阿勒哈利法正式开始他的执政生涯。在前任哈利法萨勒曼·本·哈马德·阿勒哈利法取得与周边各阿拉伯国家、伊斯兰国家及一些东西方国家关系大幅改善，巴林国内经济社会生活快速进步，行政管理制度越发完善的成就基础上，他成功地带领巴林人民彻底摆脱英国的殖民统治，实现了先辈们毕生追求的最高理想——巴林完全独立。此后，巴林在政治、经济、宗教和文化等社会生活的方方面面都取得了前所未有的进步，更加自信地大踏步向前。

现如今统治巴林的仍然是哈利法家族，从该家族的始祖"征服者"艾哈迈德开始，哈利法家族至今已经统治巴林200余年。巴林后来的历史发展证明，哈利法家族成功入主巴林实际上开辟了巴林漫长历史上一个相对全面稳定和繁荣的新时代。但作为一个外来者，在征服巴林之初，哈利法家族仍然根基不稳，且面临着多重困境。首先便是内部不可避免的身份认同问题。在当地居民看来，哈利法家族与先前统治巴林多年的波斯人并无不同——都是残暴的外来征服者。加上哈利法家族所在的整个阿特班部落都是伊斯兰逊尼派的忠实信徒，而巴林当地的居民则以信奉什叶派为主，两大派别矛盾重重，使得巴林人对哈利法家族的统治有着极强的抵触心理。而伊斯兰教内部的这种分歧放到如今的整个世界范围来看都仍未弥合。从外部环境来看，18世纪末19世纪初的海湾也从未停止一直以来的纷争。无论是同处这一地区的奥斯曼帝国、波斯帝国、沙特阿拉伯，还是远在欧洲但又几乎无处不在的英国，都想将被视作东西方经济文化交流重要枢纽的海湾地区纳入自己的管辖范围,而占据这一地区核心地理位置和重要经济地位的巴林自然而然成为他们拼命拉拢甚至是武力角逐的对象。为了在巴林彻底站稳脚跟,哈利法家族针对政治、经济、文化和宗教等社会的各个方面制定了一系列治理措施。政治上,为了树立自己在巴林内部的统治和声望,哈利法家族采取没收部族土地、委派家族成员或亲信管理地产和国内商业的方式控制巴林。政府的重要岗位也主要由家族成员或是逊尼派代表担任。对于那些选择留在巴林并向他们表示忠心的部落,哈利法家族则采取赠予土地、转让部分珍珠贸易经营权等方法拉拢人心,并与周边部落保持频繁的交流。同时,在处理对外关系上,酋长穆罕默德在波斯、奥斯曼、沙特阿拉伯及英国之间积极斡旋,努力维护哈利法家族和巴林本国的相关利益。经济上,针对巴林支柱产业珍珠业和海上贸易的战后重整措施,有效地盘活了整个巴林的社会经济,使其重新成为海湾地区最耀眼的明珠之一。宗教上,确立伊斯兰教为巴林国教,但哈利法家族信奉的逊尼派很快取代什叶派,在当地占据主导地位,成为巴林人的主流信仰。也就是从那时候起,因得益于统治阶级的大力支持,巴林逊尼派逐渐势大,什叶派文化在岛上的兴盛期被迫宣告终结,进入低谷。现如今巴林国内的宗教信仰呈现多元宗教共存的基本局面,除了伊斯兰教,还有少部分居民信仰基督教、印度教等宗教。大体上,人们可以公开自由地谈论各自的信仰并举行宗教仪式,但伊斯兰教内部什叶派与逊尼派的矛盾仍然尖锐。据统计,巴林国内信仰伊斯兰教的人数约占全休居民的85%,其中,什叶派占66%—70%,逊尼派占30%—34%。这样的群体结构在整个海湾地区都是独一无二的,换句话说,巴林是阿拉伯世界什叶派占比最高的国家。由于掌握国家政治和经济大权的哈利法家族是信奉逊尼派的,所以光从人数上看,什叶派数倍于逊尼派,但论势力则是逊尼派占据主导地位。这便造成了巴林自身及巴林与周边国家之间显著的宗教文化差异。

在2个多世纪的权力继承过程中,作为巴林的统治者,哈利法家族得以将世袭制度延续下来。而进入20世纪后,巴林国家元首的继承制度得以不断完善,最终实现现代化和制度化。这一制度化的权力更替结构不仅使哈利法家族得以以正统的名义延续阿拉伯传统和伊斯兰传统维持对巴林的统治,同时也实现了政治权力的平稳过渡,为巴林社会的繁荣与安定提供了先决条件。①

---

① Federal Research Division. *Bahrain.* Whitefish：Kessinger Publishing，2004，p.10.

被迫成为英国的保护国

　　哈利法家族在巴林建立统治初期,外部侵扰不断。1799
年,南部的阿曼来犯,哈利法家族不得不向狄尔阿酋长国承诺
缴纳多年贡税来换取和平;1810年,哈开伊凯尔战役在今卡塔
尔东海岸的胡伟伊尔爆发,哈利法家族经过艰难抗争最终取得
胜利;1828年,阿曼再次大举进攻巴林,哈利法家族失守麦纳
麦,被迫迁往穆哈拉格,最终因战败,被迫连续30多年向马斯
喀特缴纳贡税;19世纪中后期,沙特家族建立的沙特第二王国
兴起,费萨尔国王企图将巴林纳入自己的版图,让哈利法家族
俯首称臣……而除了巴林周围的强邻,哈利法家族面对的侵扰
还有来自欧洲的几大殖民国家,其中英国对巴林历史发展进程
的影响最为深远。

　　15世纪末期,大航海运动的繁荣使得欧洲几大海洋强国不
断将各自的势力向东扩张。占据优越地理位置及极佳战略地
位的海湾地区成为联结东西方经济文化交流的重要枢纽,也成
为各方势力觊觎争夺的焦点。而早在葡萄牙占领巴林时期,海
湾地区便已经出现了英国人的身影。1763年,英法结束七年战
争,签订《巴黎条约》,英国获得原本属于法国的北美、非洲、西
印度群岛及印度的大片殖民地,从此控制了整个印度洋地区并
就此走向世界。作为英国通往其东方殖民地的必经之路,巴林
所在的海湾通道的战略地位不言而喻,被英当局视作印度"防

卫"体系中的重要环节。①另外,因缺乏有效管辖,海湾地区常年海盗猖獗,不断出没在海上洗劫来往商船。因此,英国认为很有必要控制阿拉伯半岛东西两侧的海湾,以保障印度洋通向欧洲大陆海上通道的安全。于是,英国在海湾地区开展了一系列军事及政治维稳行动,但真正开始介入巴林,是在进入19世纪后。

1805年,在英属印度殖民当局的支持下,阿曼打败前来进犯的瓦哈比派势力。当时,萨勒曼和阿卜杜拉两位酋长同时向英国求援,希望能得到英国海军的帮助赶走巴林地区的瓦哈比派分子,但这一请求被英属印度当局拒绝。1816年,英国派遣常驻印度殖民地政治代表威廉·布鲁斯与哈利法家族签订非正式协定,承诺若阿曼和巴林之间发生冲突,英属印度当局将保持中立。该项协议签订后,哈利法家族以为巴林已经一定程度上赢得了英国海军的庇护,但遗憾的是,该协议最终并未得到有效实行。

1818年,埃及军队占领科威特哈萨海岸。英国趁乱直接派遣海军舰队开赴海湾,封锁包括巴林在内的海湾岛屿及周围海域,并以武力进攻威胁各国代表与英军"和谈"。起初各酋长国并未妥协,纷纷领导当地居民抵抗这位不速之客。同年11月,英属印度殖民代表凯尔少将与阿曼国王勾结,开始大举进攻阿拉伯半岛。1819年12月9日,经过长达一年多的海上封锁和军事斗争,英国军队最终摧毁了阿拉伯半岛沿岸各酋长国的抵抗。巴林由于占据独特的地理位置,受到英国的格外重视。1820年1月初,英军主动提出要与巴林两位酋长展开谈判,试

---

① Federal Research Division. *Bahrain.* Whitefish: Kessinger Publishing, 2004, p.10.

图通过拉拢哈利法家族和收买上层阶级的方法,将巴林直接并入自己的殖民体系。然而尽管哈利法家族十分忌惮强大的英国海军,但也并未选择就此屈服。两位酋长只答应了英方提出的部分条件,与英军驻海湾指挥部司令签订了初步协定。之后,英国与海湾地区各酋长国签订《阿拉伯湾和平总条约》(General Maritime Treaty of 1820)。该条约致力于防止政治冲突,禁止整个海湾地区的海盗行为和奴隶贸易,鼓励自由贸易,且所有过往船只需向英国驻军登记。英国此举将同时期其他欧洲列强排除在海湾事务外,以此来确保英属印度和英国本土之间海上通道的安全,维护英国殖民体系的全局利益。

　　起初巴林并未加入由英国倡导的该条约。但在1820年2月23日,巴林与波斯和奥斯曼帝国的谈判破裂,与两国交恶,哈利法家族选择转头投入英国的怀抱,同意加入《阿拉伯湾和平总条约》。通过该条约,英国承认哈利法家族为巴林的“合法统治者”。而对巴林而言,《阿拉伯湾和平总条约》是其正式取得独立地位前与英国签订的第一个同盟条约。尽管这类条约在英国眼中一直如白纸一样毫无公信力,但某种程度上为巴林日后从英国手中独立提供了一定的法理支撑。在该条约签订不久后,英国驻阿拉伯湾海军出兵占领了位于霍尔木兹海峡北侧的阿拉伯湾最大岛屿格什姆岛,导致波斯与英国在巴林问题上的矛盾进一步激化。此后巴林多次向英国寻求军事庇护以抵抗来自波斯方面的威胁,每一次都被英方忽视。当英国与波斯之间的利益冲突眼看就要上升到不可调和的局面时,双方最终选择了各自让步,不让冲突升级。而弱小的巴林,便成为两国媾和的牺牲品。

　　1822年7月1日,英国方面派出代表与波斯派出的法尔斯总督侯赛因·阿里·米尔扎于设拉子举行和谈。起初双方都不愿做更大让步,故谈判迟迟未能取得实质性进展,直到两个月后,同年8月30日,英国与波斯谈判才结束,双方签订协议,英国承认波斯当局在巴林地区的地位,确认巴林酋长国从属于波斯。此前是英国人在巴林的土地上横行霸道,现在又换了波斯人,巴林岛民的不满情绪与日俱增。

19世纪30年代,英国决定继续向中亚、阿富汗和印度地区扩张。为了打通中间的连接通道,英国企图掌控连接印度河和阿拉伯湾,通往阿姆河的赫拉特国。而此时的波斯同样意识到赫拉特的重要战略地位,与英国展开激烈争夺,并最终演化为两次军事冲突。1839年,英国利用与波斯在赫拉特的争夺,转头拉拢波斯的老对手阿曼,共同签署了反对海盗活动和奴隶贸易的《共同行动条约》。同年,巴林酋长阿卜杜拉因家族内部斗争和外部环境趋于恶化被迫与英国签订条约,巴林开始向英国名义上的"保护国"、实际上的殖民地转变。①这一时期,尽管英国率先与哈利法家族达成了协议,但这份协议当时在国际上并不被其他国家(尤其是埃及和波斯)承认。埃及总督穆罕默德·阿里认为,巴林落入任何一个国家都不符合埃及自身的利益,所以早就企图兼并巴林;波斯也以同样的理由直接派出军队想把海湾地区的水搅浑,搅得越浑越有利于从中为自身攫取利益。可他们都没想到最后让英国抢了先,这真可谓是"鹬蚌相争,渔翁得利"。

从英国方面来看,掌控海湾是维护自己在海外殖民地全局利益的重要一环,而当时选择承认哈利法家族在巴林的合法地位,则是出于多方面因素的综合考虑。第一,扶植代理人为自

---

① [苏]瓦·拉·波将斯基著,中国人民大学《巴林》《战斗的阿曼》翻译组译:《巴林》,人民出版社1974年版,第122页。

已维持殖民地的统治秩序是英国的惯用伎俩。在海湾地区的众多酋长国中,哈利法家族领导的巴林无论在自身实力上还是对周边地区的影响力上都有利于英国未来通过掌控巴林进而控制海湾,是成为英国在这一地区代理人的理想对象。第二,哈利法家族内部的派系之争和随之而来的矛盾冲突已经严重威胁到来往船只的航行安全和海湾地区的贸易秩序,尤其是英国东印度公司的商业行为,英国希望尽快结束巴林内部动荡的局面,恢复这一地区的贸易秩序。因此,在英国的授权下,英属印度殖民政府早在1819年便开始采取一系列空前严厉的措施打击海湾沿岸地区的海盗行为。哈利法家族的部分势力趁乱在海湾地区做起了袭击过往船只的勾当,自然被英国列为重点关注对象。于是有了强行介入哈利法家族的内斗并武力威胁萨勒曼和阿卜杜拉两位酋长与英国签订和平协定的这一出戏码。第三,除了英国本身,海湾沿岸各国也强烈呼吁哈利法家族应该有更为强势的力量站出来,结束内乱,主导巴林,这既符合巴林自身的利益,也符合整个海湾地区全体国家的利益。特别是进入20世纪后,海湾地区的石油开发和贸易快速兴起,这一要求显得更为迫切。第四,早在英国当局与阿拉伯半岛各酋长国举行谈判之时,英国国内的资本便已摩拳擦掌,跃跃欲试。他们迫切想要介入海湾地区的贸易,所以答应愿意为这些国家提供必要的资金和贷款支持。第五,尽管当时巴林内部斗争不断,但那仅是哈利法家族内部的派系斗争,无论最后谁输谁赢,巴林仍被掌控在哈利法家族的手里。也就是说,巴林政治冲突的结果只会是完成统治家族内部力量的重组,而并不会改变哈利法家族在巴林的权威和统治地位。正如穆罕默德·鲁麦赫所说:"哈利法家族采取一种继承性统治制度,其父亲在两个儿子的辅助下实施统治,他死后,其儿子继续其职责,分享其威信。"①

　　与英国签订和平协定后,阿卜杜拉酋长在什叶派中的威信受挫,并在与萨勒曼酋长争夺领导大权的长期斗争中开始处于下风。为了挽回颓势,阿卜杜拉酋长决定孤注一掷倒向波斯以换得波斯势力的支持。1843年,英国暗中鼓动哈利法家族的另一位领袖穆罕默德·本·哈利法悍然发动麦纳麦政变,从阿卜杜拉酋长手中夺得巴林的部分统治权力。亲波斯的阿卜杜拉酋长倒台,被流放到祖巴拉,而英国扶植的穆罕默德·本·哈利法酋长自然成为英国的傀儡。这次政变为后续英国从波斯手中夺得巴林并最终掌控巴林提供了有利条件。次年6月27日,波斯对外宣称放弃自己在巴林的权利,承认英国在海湾地区占据优势地位。同时,为防止波斯出尔反尔,英国与马斯喀特再次签订修改后的《共同行动条约》,从而利用阿曼牵制可能会在未来有其他动作的波斯。1847年,英国强迫各酋长国重新签订了修改后的和平总条约及其他各类附属条约。利用这些条约,英国进一步扩大了自己在海湾一带的特权,其中就包括垄断经营巴林的珍珠业和在巴林对外贸易中享受一系列税收优惠待遇。

　　1853年,英国对阿拉伯半岛东南部的势力渗透迎来了一次巨大的提升。这一年,英国同由阿曼西北海湾沿岸多个酋长国组成的特鲁西尔阿曼(现在的阿拉伯联合酋长国)签订永久休战协定,又为东印度公司的商船往来于阿拉伯湾增加了一道稳固的屏障。根据该协定,特鲁西尔阿曼授权英国驻布什尔港的政治驻节公使在面对外来入侵者时,可以自由地采取防卫及相应的处罚措施。这一协定结合1847年英国强迫各酋长国重新

---

　　① 韩志斌:《列国志:巴林》,社会科学文献出版社2014年版,第39页。

签订的各类条约,实际上承认了英国人在特鲁西尔阿曼享有独立的司法管辖权。1856年5月15日,英国与巴林签订了一项新的条约并根据条约规定出台了一系列取缔奴隶贸易的打击措施,同时使得英国垄断经营巴林的珍珠业在纸面上成为合法行为。同年,为了确保自己的商船在这一地区不再受海盗袭扰,英国直接派出海军舰队驻扎在海湾,控制了整个海湾的海上通道。这一时期,尽管还未彻底沦为英国的保护国,但巴林确确实实已经对英国形成了难以摆脱的依赖。而此时的英国,表现得相对"文明",他们将穆罕默德·本·哈利法酋长视为自己在海湾地区的朋友,并在公开场合"承认并尊重"巴林的主权。

　　到19世纪中期,阿拉伯半岛上的沙特家族已经和残存的瓦哈比派实现联合,并于内志地区建立瓦哈比国家。1859年,这个瓦哈比国家的军队入侵并占领了卡提夫地区(Qatif),试图借此支持此前在麦纳麦政变中被废黜的阿卜杜拉酋长重回巴林。然而这一计划还未正式开始实施便被英国人看破,于是英国将计就计,决定利用这次机会将沙特家族及瓦哈比派的势力赶回阿拉伯半岛。在英国的授意下,巴林穆罕默德·本·哈利法酋长公开对瓦哈比国家宣战,这一下得罪了它的同盟国波斯和奥斯曼帝国,巴林一下陷入了多方军事冲突。于是,为进一步求得英国的军事庇护,1861年1月31日,穆罕默德·本·哈利法酋长与英国代表琼斯签订了两国《永久休战友好和平条约》。该条约再次强调过去英国与巴林签订的一切条约均合法有效,还新增了一系列针对性条文。其中包括:哈利法家族不得发动对外战争、进行奴隶贸易、挑起内部冲突及纵容部下开展海盗行为等活动;英国人可在巴林居住并享有领事裁判权;巴林的一切对外冲突必须提交英国驻海湾政治驻节公使审议;英国承诺为巴林提供安全防范,使巴林不受外来侵略,同时承认哈利法家族是巴林"独立的统治者"。这一条约的签订,从事实上和法律上确立了巴林对英国的完全依赖关系。10年后巴林彻底沦为英国的"保护国",从此丧失主权,被英国接管,直至1971年实现独立。

《永久休战友好和平条约》签订后,英国成功得以用殖民掠夺、商品倾销及垄断转口贸易等多种方式实现对巴林的经济掠夺。这使得巴林国内对穆罕默德·本·哈利法酋长及英国殖民者的不满情绪不断激化,最终引发大规模骚乱。与此同时,因各自声称自己对祖巴拉地区享有主权,巴林与卡塔尔的领土之争越发严峻。1863年,哈利法家族派出代表前往达比就领土争议问题与阿勒萨尼家族进行谈判,结果双方谁也不愿妥协,谈判失败。双方就这样僵持了4年。1867年,巴林联合阿布扎比进攻卡塔尔,不承想阿勒萨尼家族根本不堪一击,很快便败下阵来。就在两国酋长正要谋划接下去如何瓜分胜利果实时,1867年底,英国却以"整顿帝国海湾秩序"为由,介入阿拉伯湾事务,鼓动巴林阿里酋长发动政变。阿里酋长成功取代穆罕默德·本·哈利法后,却主动与阿勒尼萨家族谈判媾和,暂时搁置了两国的领土争端。1868年,巴林被迫与英国签订新的条款,在将本国的珍珠采集权出让给英国的同时,不得不默许了阿勒萨尼家族对包括祖巴拉在内的卡塔尔的统治地位。而有了这份条款作为依据,阿勒萨尼家族开始频繁在公开场合宣誓对祖巴拉行使主权。后来,两国决定将祖巴拉地区的主权归属交给国际法院裁定。由于哈利法家族未能出示任何能证明其在1868年之后仍对祖巴拉地区行使主权的有效法案,祖巴拉最终被裁定为卡塔尔领土。同时,英国挑起巴林政变的行为引起了海湾各国的强烈不满,波斯政府首先站出来向英国表达了自己的抗议。逃往卡提夫地区的穆罕默德·本·哈利法酋长也得到了其他各酋长国的声援和保护。而在巴林国内,爆发了反对阿里酋长发动政变的居民起义,成功将阿里酋长赶下台来并清除了英国扶持的统治势力。

　　1869年,流亡卡提夫的穆罕默德·本·哈利法重回巴林并一度收复麦纳麦和穆哈拉格。英国不顾波斯反对,直接出兵巴林,将穆罕默德·本·哈利法及其亲信俘虏,随后扶植阿里酋长之子、年仅21岁的哈利法家族成员伊萨·本·阿里·阿勒哈利法接管巴林。此时,除了波斯等国,奥斯曼帝国也终于按捺不住站出来公开反对英国的所作所为。1871年,奥斯曼帝国出兵占领阿勒萨尼家族控制的卡塔尔,誓与英国一争高下。然而英国却为此做出妥协,为避其锋芒并先稳住自己在巴林的地位,英国承诺可将科威特和卡塔尔让给奥斯曼帝国控制,自己绝不干涉。自此,英国暂时平息了奥斯曼帝国的怒火,两国间的冲突暂时告一段落。同年5月,英国与巴林新任酋长伊萨举行谈判并签署新的条约,这位年轻的统治者接受了英国提出的几乎所有要求,同意英国全权负责制定巴林的国防和外交政策。英国正式对外宣布巴林成为英国的保护国。[1]而在巴林发现石油后,伊萨酋长又将当地的石油开采许可权转交给了英国,希望以此来"回报"英国的"保护"。

　　由于各方势力仍在觊觎处在海湾战略核心地位的巴林,英国宣称巴林成为其保护国的说法并未得到其他国家的公开承认。实际上,就连奥斯曼帝国也在成功控制了科威特和卡塔尔之后仍在抗议英国在海湾地区的所作所为。奥斯曼帝国当局一方面以此要挟英国承认其在阿拉伯地区的地位,另一方面暗

---

　　①　Carol Ann Gillespie. *Bahrain.* Philadelphia:Chelsea House Publishers,2002, p.35.

中鼓动巴林人民的民族情绪,呼吁巴林人抵制伊萨酋长和英国殖民者,支持穆罕默德·本·哈利法酋长重新掌权。为巩固自己在巴林的统治地位,英国出动海军舰队镇压巴林民众的游行和起义,同时加紧与伊萨酋长签订更多的条约来增强自己对巴林的控制。1880年,伊萨酋长代表巴林哈利法家族与英国殖民当局签署《首次特别协定》,同意今后巴林的一切重大事务都必须与英国方面协商解决,至此,英国事实上完全掌控巴林。

于两次世界大战中绝处逢生

虽然英国已经对外宣称巴林成为其保护国,但这一说法当时并未得到参与海湾争夺的各大国承认。奥斯曼帝国、德国和法国纷纷入场,加入挑战英国在这一地区霸主地位的斗争。由于英国在巴林建立的实际上是殖民统治,巴林生产的珍珠、海产以及后来发现的石油等各类商品绝大多数都流向了英国及其海外殖民地,而巴林人以此从英国换回来的不过是些简单的生活日用品。且英国在垄断巴林国内的珍珠业后,并未将自己国内先进的机器大工业生产模式带入巴林,反而延续以往原始的生产组织模式,以便更好地对巴林的廉价劳动力进行残酷剥削。甚至在巴林发现"工业黄金"石油后其开采权也被英国收入手中,巴林普通居民的生活水平依然停滞不前甚至有所下降。除了经济掠夺,英国还在巴林国内挑动民族、宗教和部落之间的对立,扰乱巴林内部的政治秩序。受尽压迫的巴林人民心中积怨越来越深,对英国的殖民统治和伊萨酋长的无能也越来越不满。这一点恰好被奥斯曼帝国、卡塔尔和德国等国家看在眼里,于是各国合谋暗中鼓动巴林岛上的居民发动起义,反抗伊萨酋长的威权统治和英国的殖民统治。

1904 年,巴林爆发大规模起义,英国向巴林派遣海军舰队进行镇压。在绝对的军事力量面前,起义武装难以抵抗,很快就被镇压下来。此后,英国为进一步掌控巴林,以防止巴林再次出现暴乱为由,将驻麦纳麦的政治代表正式升格为英国的政府代表,又派出"顾问团"掌控了伊萨酋长的政治外交大权。随后,英国又陆续攫取了巴林的海关管理权、外国人的司法管辖权、外国邮政机构设立权等一系列国家主权。不久后又规定"自1890年起,关于外国人的司法审判法律将适用于巴林,视同英国殖民地或领地一样",继而将其在英属印度实施的民法典、刑法典和领事裁判权等制度移植到巴林实行,进一步加强了对巴林的控制。[①]

到19世纪末20世纪初,奥斯曼帝国在海湾地区的争斗中逐渐势弱,德国开始崭露头角接替奥斯曼帝国扛起挑战英国海湾地位的大旗。随之而来的还有法国和俄国,他们纷纷在巴林周边设立自己的领事馆,为集体登上海湾的政治舞台做足了准备。除了政治力量,还有大量来自印度和欧洲的商人不断涌入,他们以巴林为驻足点,在海湾地区开展激烈的商业竞争,其汹涌程度丝毫不亚于各国政治势力为争夺海湾话语权的明争暗斗。这一时期世界范围内各资本主义国家正处在向帝国主义过渡的关键阶段,彼此间产生的矛盾纠纷已经越发不可调和。各帝国主义国家经济发展严重失衡,势力范围的划分与其自身的实力也不相匹配,以德国和奥斯曼帝国为首的新殖民主义国家与以英国、法国为首的老牌殖民主义国家之间的矛盾不断激化。彼此都心照不宣地要求重新瓜分世界、争夺世界霸权。于是,第一次世界大战,即第一次世界级帝国主义国家战争就这样被点燃。而彼时的巴林作为海湾政治和商业斗争的中心,只能在各国的淫威下小心翼翼、艰难生存。

第一次世界大战正式爆发后,为维护海湾局势的稳定,英

---

① 韩志斌:《列国志:巴林》,社会科学文献出版社2014年版,第47页。

国驻海湾政治驻节公使考克斯（Cox）发表了《告海湾全体阿拉伯统治者和酋长及其臣民书》。这份文告宣称，若阿拉伯国家在战争期间保持安定、遵守秩序并对英国效忠，英国将保护阿拉伯人的宗教和自由不受侵犯，否则后果自负。[1]这份颇具帝国主义威慑力的文告成功起到了震慑作用，包括巴林在内的各海湾酋长国统治者纷纷照会英国代表，表示他们愿意接受英国的文告内容，但前提是英国能切实保障各国的安全和自由。这一要求被英国满足。于是，巴林及其他接受了这份文告的海湾各国成为第一次世界大战中英国的后方战略地。

在第一次世界大战结束后，德国及奥斯曼帝国成为战败国，其势力也随之退出巴林，巴林再一次完全沦为英国的势力范围。大部分海湾国家也逐渐在战后彻底丧失国家主权，沦为英国表面上的"协定伙伴"、实际上的殖民傀儡。这一时期的海湾一如曾经被罗马帝国主宰的地中海一样，沦为英国的"内湖"。而英国在战后对海湾地区起初十余年的殖民统治中，不仅没有为海湾带来工业文明的进步与繁荣，还人为造成巴林及其周边众酋长国的封闭和落后。这一时期的巴林，早已失去了独立自主的权利，一切外交事务皆由英国代表出面，甚至连出入巴林和海湾都需要事先向英国政府申请。而作为英国的"保护国"，巴林既未享受到英国人设在岛上的教育、医疗和其他公共服务资源，又不能顺应世界发展潮流自主开展必要的现代化改革。相反，巴林只能远离世界工业文明的浪潮，继续固守其传统的阿拉伯部落制度，仿佛与世隔绝。好在第一次世界大战中，俄国十月革命的胜利，再次唤醒了巴林人民心中的民族热

---

① 韩志斌：《列国志：巴林》，社会科学文献出版社2014年版，第48页。

血，其国内的民族主义运动在各类反抗团体的带领下于"一战"后开始登上历史舞台。

1920年，海湾地区的英国间谍在向上级汇报时曾指出："不幸的是，'布尔什维克主义'一词和布尔什维克的学说在这里已经为人所知。"①在不断兴起的民族主义运动的冲击下，英国殖民当局也曾试图采取部分社会调整和改革措施来缓解社会矛盾，进而平息愈演愈烈的反英情绪。如：1921年，英国授权其在巴林的政治代理人迪克森（H.R.P. Dickson）在麦纳麦成立四人委员会，监管公共卫生和交通服务等事宜；同时成立的还有由英国代理人和哈利法家族共同任命委员的改革惯例委员会，参与巴林商业及贸易活动的决策。这次改革因为很大程度上破坏了哈利法家族的权威和当地贸易的公平与自由，遭到哈利法家族和巴林各大商业势力的反对，随后作罢。

实际上，在巴林国内，自其沦为英国保护国时就兴起的反英运动从未停止。一直以来，巴林的农民、渔民、商人、水手、珍珠工人、作坊主及其他手工业者通过组织大规模游行、抗议示威甚至直接的暴力对抗等多种形式来反对哈利法家族伊萨酋长派的傀儡政权和英国的殖民统治。但由于武装力量的薄弱，巴林群众斗争一直收效甚微，直至20世纪30年代，石油经济的兴起，为巴林的社会变革带来新的希望。

早在20世纪初，欧洲各殖民主义大国便已在海湾沿岸探明巨量的石油储备，所以他们才会不惜一切代价参与对这一地区的争夺。巴林岛上第一次进行石油开采是在1931年，这一年秋，以英国的名义在加拿大注册建立的巴林石油公司在巴林

---

① 韩志斌：《列国志：巴林》，社会科学文献出版社2014年版，第49页。

岛上开始石油勘探钻井作业。经过一年时间的发掘,巴林岛上的第一口油井于1932年开始喷油,随后又陆续有16口油井钻成。这一时期,尽管主导巴林石油开采行动的力量变成了美国人,但巴林的国家主权仍被牢牢掌握在英国手中。为了获得更多的石油开采和贸易自由权,英国殖民当局开始有意让海湾各国的统治家族参与自家的石油勘探、开采及贸易等事务中来。以巴林为例,这一时期岛上每开采1吨石油,以哈利法家族为主导的巴林政府便能从中获利1.05美元。以现在的眼光来看,这样的事情简直荒谬至极。但不可否认,对当时的巴林而言,这也算一笔可观的收入,很大程度上改善了巴林政府的财政状况。而当越来越多的石油公司及随之而来的石油工人、贸易商人和海外资本进驻海湾、巴林时,石油经济的兴起为这一地区的社会变革带来更多的契机。一方面,石油经济直接促进巴林与西方国家的频繁贸易接触,在此过程中,西方意识形态、现代民主政治思想渗透到巴林,推动巴林民主政治的萌芽。石油的发现和输出为巴林创造了走上开放道路的客观条件。通过前期与英、美国家合作开发石油经济,参与国际石油交易,到后期收回石油所有权,加入海湾阿拉伯国家合作委员会(GCC,简称"海合会")和石油输出国组织,巴林全面融入国际石油市场,与世界各国尤其是发达国家直接接触和交流,走出了一条以油气资源为依托的开放之路。毫无疑问,巴林石油经济的发展为西方意识形态和现代民主政治思想进入巴林,并为巴林统治阶层和普通民众所认识和接纳开辟了良好渠道。

　　另一方面,石油出口带来的客观收入使巴林民众的物质生活得到保障,普通民众进一步追求政治权利和参与政治管理,并要求政府调整政治结构,加大民主改革的力度。同时,哈利法统治家族也在西方意识形态和民主政治的影响下,提高了对政治民主化的关注度,不断在君主专制的政治框架内尝试民主改革。不仅如此,巴林国内各利益集团之间围绕石油经济展开的利益斗争也推动了巴林政治民主化的发展。因而,巴林的政治民主化进程无论是从启动还是发展看都离不开石油经济的间接推动,一定程度上打上了石油经济的深刻烙印。

　　20世纪30年代后期,巴林国内出现经济危机,经济体系遭到破坏性冲击,国内的紧张形势一再升级。巴林政府官僚政治的发展使统治者和民众之间的隔阂越来越深,当统治家族累积了大量的财富时,巴林民众却落入贫困深渊,两极分化极为严重。巴林政府部门如警察局、护照办理处、监狱等均处在英国的监管之下,随之出现的腐败、效率低下、行事不公等现象使巴林民众反英情绪强烈。石油经济的发展增加了巴林民众的就业机会,但由于巴林教育体制培养出来的多是无法胜任石油工业工作或政府工作的毕业生,再加上他们中的大部分人受教育程度不高,石油公司多倾向于雇用外籍工人,民众的贫困生活无法得到改善,这进一步加深了他们的不满。[1]俄国十月革命的成功促进了海湾地区民众的觉醒,在巴林国内掀起了民族主义运动,针对英国的反抗浪潮及反抗团体不断出现,但在巴林的政治代理人——英国"顾问团"面前,这些团体持续的时间都不长。为了缓和民众的不满情绪,巴林政府在1932—1933年推行了改革运动,在改革中,民众的某些要求得到了满足,如成立国家劳动委员会,并任命代表巴林石油公司的劳动代表,以扩大民众的就业机会,在教育方面,政府雇用了教育专家来改善国内的教育体制等,这些措施在一定程度上缓和了巴林国内的紧

---

　　[1]　Carol Ann Gillespie. *Bahrain*. Philadelphia: Chelsea House Publishers, 2002, p.43.

张局势,但总的来说,处于英国控制之下的巴林政府依然举步维艰。

在石油经济兴起前,珍珠采集和加工业一直是巴林国内的支柱产业,也是政府财政收入的主要来源。因为第一次世界大战的摧残和20世纪30年代世界性经济大危机的冲击,整个世界对珍珠等奢侈品的需求一蹶不振,巴林的珍珠业进入前所未有的灰暗时期,是后来兴起的石油工业使得以巴林等为代表的海湾国家逐渐摆脱贫困。尽管其中大部分的收入都流进了殖民者和统治阶级的口袋,但各国普通民众也在一定程度上因统治家族趋向经济独立并减免赋税变相地增加了收入。同时,这一时期,随着美国资本和势力的深入渗透,英国对海湾地区的掌控逐渐衰弱。各酋长国的统治阶级也因此拥有了更多的自主权利,如在财政收入大幅增长后,巴林政府终于有能力兴建公共基础服务设施并从国际上雇用教育专家来大力发展国内教育。统计资料显示,1930年巴林全国仅有约500名在校生,到了1938年,随着学校数量的增加,在校生的数量已达到约1500名。同一时期,电话和电报等近代发明传入巴林;海湾地区的第一份报纸《巴林报》(The Bahrain)开始出版并发行;巴林信息部在政府部门的主导下成立并成为民众了解国家大事和世界局势的有效渠道。教育事业和出版业的发展为巴林带来了自由和民主思想,极大地推动了巴林民众的思想解放,并为赢得民族解放运动的最终胜利提供了先决条件。

除了教育事业,石油经济为巴林带来的社会变革也表现在其他方面。政治上,与其他海湾各国一样,过去,巴林的国家政治都是"以血缘关系、地缘关系为基础的家族统治和世袭制",

表现形式便是哈利法家族强人政治式的"集权与独裁"。[①]随着石油工业带来的财富增长及国内民众的反抗呼声越来越响亮，哈利法家族开始主动寻求统治方式的完善，效仿西方民主制度，实施引入内阁、增设行政机构和部门、提高行政人员的待遇等一系列民主改良措施。社会经济上，随着传统行业的衰败和石油开采、炼化等新式行业的兴起，原本主要靠珍珠业、农业和手工业维持生计的当地居民开始进入石油行业。同时，为顺应民众的要求，巴林政府成立了国家劳动委员会，采取多种方式扩大就业。因此，很多居民的生活方式和生活水平与过去相当长的一段时间相比，都有了明显的改善和提高。

　　1935年，礼萨汗为"强调伊朗是个多民族的统一国家"，废止了已被全球使用上千年的国名"波斯"，改称伊朗。第二次世界大战爆发后，原本宣布中立的伊朗趁欧洲列强忙于大陆战事之际，突然以维护国家安全为由悍然入侵巴林。哈利法家族带领巴林人民仓促应战。一直到1941年7月，已结盟对抗德国的英国和苏联为确保石油供应和获取军事援助进驻伊朗才解了巴林之围。而在其间，英国再次尝试对巴林的政治机构进行改革，借助时任哈利法的力量，组建了巴林立法会议。但此时的巴林内部冲突不断，自1923年5月开始的什叶派和逊尼派的教派冲突不仅毫无停止的迹象，甚至愈演愈烈，转化为持续的暴动。于是，英国对巴林政治机构改革的第二次尝试最终难以施行和巩固，再次宣布失败。而在这次改革走向失败后，哈利法家族与英国之间嫌隙渐生。

　　第二次世界大战结束后，英国将其海湾地区行政首脑的驻

---

　　①　王铁铮：《世界现代化历程》，江苏人民出版社2010年版，第220页。

地从科威特迁往巴林,并试图再次对巴林实行"民主改革"。然而,经过第二次世界大战的重整,世界范围内已经涌现出一批又一批现代民族国家独立的浪潮。哈利法家族对英国殖民统治的态度已然发生转变,开始选择与广大巴林民众站在统一战线,并在其中积极扮演民族独立运动的领导者。此后,彼此间矛盾越来越激化,为维护各自的经济和政治利益,双方展开了此起彼伏的争斗。

1947年11月29日,第二届联合国大会通过《关于巴勒斯坦将来治理(分治计划)问题的决议》,支持巴勒斯坦建国。虽然这一决议遭到了不少阿拉伯国家的反对和抵制,但巴林在麦纳麦迅速成立了巴勒斯坦自由委员会(Committee for the Liberation of Palestine),以此来声援巴勒斯坦人民反抗殖民统治和犹太复国主义的斗争,[①]从而表达其自身对追求自由和独立的渴望。同时,这一时期的阿拉伯民族主义运动也对巴林的独立进程产生了极其深刻的影响。1951年3月,巴林石油公司爆发反对英国殖民统治的第一次大规模罢工。1951年4月28日,伊朗巴列维王朝议会新选举的首相穆罕默德·摩萨台(Mohammad Mosaddegh)顺应民众要求,宣布将英伊石油公司收归国有,并取消1993年到期的石油特许经营权,没收其资产。伊朗石油国有化运动开展得如此迅猛且强硬,令英美等国始料未及的同时,也使正为实现民族独立苦苦奋斗的巴林大受鼓舞。然而,令巴林人民意想不到的是,不久后伊朗便以协助巴林进行石油国有化运动为借口,公然干涉巴林内政。是年5月,伊朗"民族阵线"一名议员甚至宣称"巴林岛是伊朗的一部

---

① Aftab Kamal Pasha. *India, Bahrain and Qatar: Political, Economic and Strategic Dimensions*. Delhi: Gyan Sagar Publications, 1999, p.4.

分,岛上的英国石油企业应收归伊朗国有"。在巴林正式签署国际铁路运输协议后,伊朗直接向联合国秘书长提出抗议,称"巴林是伊朗的一部分,其酋长无权签署任何国际协定,他的活动不具备任何法律效力"①。

伊朗野心的暴露直接点燃了巴林民众的反抗情绪,他们纷纷走上街头,高呼"驱逐萨勒曼酋长""驱逐英国顾问贝尔格雷夫""石油工业收归国有"的口号加入示威游行的队伍,浩浩荡荡地向萨勒曼酋长的官邸冲去。6月30日,在示威游行队伍顺利到达萨勒曼酋长的官邸时,英国殖民者及萨勒曼的军警部队开枪击杀及逮捕了多名示威者,但示威游行并未因此停止,反而逐渐向暴力起义发展。此时伊朗国内的媒体在报道巴林局势时称"已经超出正常事件的范围",英国殖民者也发现采取武力镇压群众游行的方式只会招来更加顽强的暴力抵抗,最后局势恐怕难以控制。于是,在"顾问"贝尔格雷夫的建议下,英国殖民当局决定从群众内部进行分化瓦解,从而转移主要矛盾。首先,他们派出了萨勒曼酋长到起义群众中开展"解释运动"。其次,英国人利用巴林国内什叶派与逊尼派之间常年不息的争斗挑起并激化宗教矛盾,从而引发两派之间的大规模冲突。至此,巴林国内的主要矛盾被成功地从反抗压迫转向教派冲突。

1952年,迦玛尔·阿卜杜尔·纳赛尔(Gamal Abdel Nasser)引导埃及自由军官组织发动政变,成功推翻法鲁克王朝夺得埃及政权。不久后,纳赛尔宣布将苏伊士运河收归国有,并带领埃及人民积极抵抗英国、法国和以色列等国的军事入侵。之后,由埃及兴起的阿拉伯民族主义传入巴林,巴林国内要求脱

---

① ［苏］瓦·拉·波将斯基著,中国人民大学《巴林》《战斗的阿曼》翻译组译:《巴林》,人民出版社1974年版,第209—210页。

离英国殖民统治、建立独立自主民族国家的呼声进一步高涨，由此诞生了一个个后来积极参与引导巴林民族运动的组织团体，如海湾地区第一个民族主义左派秘密组织巴林民族解放阵线（NLFB）、巴林人民阵线（PFB）、伊拉克复兴党的分支巴林复兴党、首次公开致信哈利法家族要求禁止英国人干涉巴林内政的最高执行委员会（后改名为"民族团结委员会"）等。在这些组织团体的带领下，巴林曾多次举行由出租车司机、国有企业工人和石油工人等工人团体主导的大规模罢工活动，将国内反对帝国主义殖民统治的抗争顺利发展成为群众性的集体行为。20世纪五六十年代，第二次中东战争的爆发推动巴林的民族独立运动迎来又一个高潮。但英国为此在巴林实行了更为严厉的打击策略，巴林民族解放阵线等多个运动组织的领导者遭到残酷屠杀，部分人员被迫流亡他国。这时，哈利法家族顺势而为，站出来一举接替了这些组织在巴林民族运动中的领导者角色。

当哈利法家族终于挺身而出开始积极参与领导巴林国内的独立运动时，巴林的民族独立进程又迈上了一个新的台阶。但从此时开始一直到1971年，哈利法家族和巴林人民为实现真正的民族独立和自由又艰难地斗争了整整20年。

1956年，英国外交大臣塞·劳埃德奉命视察巴林，愤怒的巴林民众在路旁用土块和石子"招呼"这位"万恶的殖民者"。为了反对英国的殖民政策和其干涉巴林国内事务的帝国主义行径，巴林再度爆发大规模罢工和抗议游行。起初，游行的队伍一度占领了英国驻巴林代表府邸前的大街。随后，以当地新闻记者阿卜杜拉·赫曼·巴基尔等8名代表为首的巴林民族团结委员会呼吁直接将英国殖民者赶出巴林，民众游行逐渐朝起义发展。但随着英国殖民当局军警力量的介入，示威活动再次以暴力收场,且参加游行的民众死伤数人。①不久后,借助埃及苏伊士运河战争的影响,巴林岛上再度掀起声势浩大的罢工和起义活动。然而面对这次反抗活动,英国殖民当局采取了前所未有的高压政策,直接派出了正规军暴力镇压了所有起义民众,同时宣布巴林全国进入紧急状态,禁止民众参与任何形式的政治活动。更糟糕的是,巴林民族团结委员会被取缔,委员会的部分领导人被流放至大西洋的圣赫勒拿岛,其余人员流亡国外。巴林国内高涨的民族独立情绪受到沉痛打击,民族运动暂时陷入一段低沉期。

但本次起义也收获一定成果,其中一项便是迫使英国殖民当局允许哈利法家族对内成立最高行政委员会,作为巴林酋长最高立法权的执行机构,并代管巴林国内的各项行政和经济事务。该委员会由11名代表组成,其中半数以上来自哈利法家族,由酋长批准任命。其余委员则为下层推荐的高级政府官员,英国殖民当局的代表事实上被排除在外。起初,该委员会下设21个部门,包括治安、司法、财政、农业、教育、移民和公共工程等,后来又陆续精简至16个。但其负责分配土地使用、监督公安司法、指导市政建设的主要职责并未改变。除此之外,本次起义之后巴林政府在埃及法学家的帮助下制定了巴林的民法典和刑法典,并不断完善巴林的法律体系。所有的这些措施都为巴林独立后改革创建现代民主代议制政府提供了探索基础和法理支持。

值得一提的是,在20世纪50年代初期,伊朗再次暴露了自己试图趁机掌控巴林的野心。后来在英美的施压下,伊朗被迫

---

① 　Carol Ann Gillespie. *Bahrain*. Philadelphia: Chelsea House Publishers, 2002, p.45.

服软,宣布自己不再参与巴林的石油国有化运动,也不再坚持自己对巴林的主权。到了50年代后期,随着巴林反英情绪的进一步高涨,伊朗对巴林的野心死灰复燃。1957年11月11日,伊朗内阁会议表决通过一项涉巴草案。该草案宣称巴林成功脱离英国殖民统治并入伊朗,成为伊朗下辖的第十四个省。消息一出,包括英国、美国在内的各欧美列强及众多阿拉伯国家纷纷对外发表声明强烈谴责伊朗的行为。英国驻伊朗德黑兰政治代表罗素向伊朗外交大臣表示,巴林是一个"独立的阿拉伯国家",英国将不遗余力地维护巴林主权,保护巴林不受外来侵犯。同时,联合国就巴林问题向伊朗表示其应该尊重巴林人民的平等权利,努力维护国际和平与安全。最终,在多方势力的呼吁和施压下,伊朗不得不放弃吞并巴林的幻想。

1957年底,巴林的民族独立事业再次迎来转机。12月26日,第一届亚非人民团结大会在埃及首都开罗召开。本次会议成立的理事会承认巴林国内的居民享有实现本民族自由独立的权利,并要求帝国主义殖民军队从巴林岛上撤军。这让巴林人民的独立斗争第一次得到广大亚非国家和人民的支持,从而使巴林人民在今后的反帝国主义和反殖民主义斗争中多了一分底气。1965年,因巴林石油公司解雇数百名巴林工人而引发的工人罢工和暴力起义,使得更多的巴林民众参与争取民族独立的进程中来,包括部分学生和一些此前并未明确表态的商业行会。在此之后的多年时间里,世界范围内尤其是广大亚非拉地区的民族独立运动如潮水般开始持续不断地涌现,势不可挡。巴林岛上的居民也大受鼓舞,一次次发动罢工、游行、示威和起义来加入世界民族独立的浪潮。各种形式的民族主义运动不断冲击着英国的帝国主义和殖民统治,巴林就此脱离英国的"保护",踏上建立独立的民族国家之路。

来之不易的民族独立

　　1967年,中东战争引发的苏伊士运河禁运竟然直接导致了英国来自海湾的石油供应中断,说明此时英国的军事力量早已无力维系其在海湾地区的殖民统治。而石油中断则进一步导致了这一时期英国的国际收支难以平衡且形势日趋恶化。到这一年秋天,英国国内的经济形势已经十分不容乐观,英镑在国际金融市场中的货币地位也越发摇摇欲坠。英国财政大臣卡拉汉甚至在致信美国财政部寻求支援时,称英国已处于"崩溃的边缘"。同时,面对包括巴林在内的其统治下众多殖民地国内的民族独立浪潮和国际上支持殖民地半殖民地国家争取独立的呼声,已是内外交困的英国于1968年最终正式对外宣布将在3年内从苏伊士运河以东所有地区撤出,并公布了从巴林等海湾国家撤军的详细计划。在英国宣布将从海湾撤出之后,海湾各国曾一度陷入混乱之中。考虑到英国撤军之后可能出现的安全问题,卡塔尔提出要组建一个由巴林、卡塔尔和现在的阿拉伯联合酋长国组成的"海湾联盟"来共同维护海湾地区的稳定和安宁。该提议最终因各方未能达成一致而未被采纳。巴林便是反对该提议的国家之一,因为哈利法家族认为巴林应该追求自己的独立,从而构建与同类其他阿拉伯国家相比更完善的政治体制和更多元的社会结构。这是哈利法家族的选择,也是巴林人民的选择。

　　1970年,联合国就巴林独立问题派出代表团前往麦纳麦主持独立公投。公投结果显示,尽管巴林国内长期存在什叶派和逊尼派的教派冲突和其他矛盾,但对于哈利法家族的统治和巴林从此以独立的阿拉伯国家身份脱离英国殖民统治,绝大多数巴林居民都投了赞成票。于是,1971年8月15日,巴林正式宣布独立。哈利法家族的伊萨·本·萨勒曼·阿勒哈利法成为巴林独立后的首位国家元首,并改国名"巴林酋长国"为"巴林国",改国家元首"巴林国王"为"巴林埃米尔"。[①]9月21日,巴林以一个独立阿拉伯国家的身份加入联合国。12月16日,英国驻军全部撤出巴林。至此,在被英国殖民统治了近一个世纪后,巴林终于获得民族解放,走上独立自主的现代化发展道路。同世界上其他任何一个曾饱受帝国主义和殖民主义压迫的殖民地、半殖民地国家一样,巴林的这份独立和解放来之不易。为了实现更多的发展和自由,巴林人追求民主和改革的努力仍未停止。

　　作为巴林独立后的首位埃米尔,伊萨·本·萨勒曼·阿勒哈利法意识到为了更有效地管理国家和民众,有必要效仿现代西方国家的政治制度,让部分民众参与巴林的政治决策中来,[②]加上什叶派与逊尼派长久不息的暴力冲突时刻警醒着哈利法家族需要适时改善巴林的统治方式,萨勒曼开始积极推动巴林政治的现代化和民主化进程,在实行宪政、代议制及组建政党方面进行了初步探索。在巴林正式独立前,为筹备独立事宜,以国务委员会为核心的巴林第一届现代政府成立。其中,国务委员会取代1956年成立的最高行政委员会,掌握国家最高立法

---

① 　Carol Ann Gillespie. *Bahrain*. Philadelphia：Chelsea House Publishers，2002，p.47.

② 　Joseph A. Kéchichian. *Power and Succession in Arab Monarchies*：*A Reference Guide*. London：Lynne Rienner Publisher，2008，p.71.

权和行政权;由萨勒曼酋长组建任命的部长理事会代行内阁职能,协助国家元首管理国家事务。作为萨勒曼酋长治理巴林的左膀右臂,该理事会成员主要来自哈利法家族,在巴林正式独立后被解散。1971年,萨勒曼宣布成立巴林人力资源委员会,由该委员会来统一管理巴林的各类人事调配和任免事务。但在后续实施过程中,该委员会发现其权力处处受到国务委员会的制约和限制,真正能够发挥的作用微乎其微,到后期几乎完全被架空。最终,巴林人力资源委员会于1975年被新成立的最高人力资源委员会所取代。1972年6月,萨勒曼宣布巴林成立制宪会议,负责组建制宪政府的各类事务。然而,萨勒曼恐怕不会想到,尽管西方的宪政民主思想早在英国殖民统治时期便已传入巴林,且的确确为巴林后来实行现代立宪制政体提供了一定思想基础,但显然建国初期的巴林还不完全具备实行这一套现代民主政治制度的条件。无论是巴林普通民众,还是中上层阶级,甚至是哈利法家族,此时对西方民主政治的认识都还不够深刻。在萨勒曼看来:宪法是哈利法家族赐予民众的一份"厚礼",表达的是作为统治阶级的哈利法家族对民众的仁爱;而让民众参与到国家政治事务的讨论和决策中来,是统治者给予民众能够与其"协商"的最好方式。萨勒曼对内宣称要建立君主立宪制,但国家最高立法权、司法权及行政权仍被他一人牢牢掌控在手中。这显然是与西方的现代民主思想相悖的。就哈利法家族而言,尽管他们积极主动地采取了一系列措施对巴林的国体、政体及行政机构等做出了一定调整,但其最根本的出发点仍是巩固和加强哈利法家族统治的合法性、稳定性和持续性,所以容易忽略下层民众的根本利益诉求。这也导致萨勒曼开展民主政治改革后的巴林与正式建国前的巴林并无本质差别。也就是说,这一时期的巴林与众多海湾国家一样,仍是强权主义指导下的独裁统治。

1972年12月1日,巴林举行制宪会议成立后的第一次议会选举。来自巴林全国19个选区、年满20岁的约27000名男性公民参加了本次议会选举的投票,最终选出由巴林政界精英、宗教领袖及知识分子等为代表的22人,与埃米尔任命的8人和内阁推举的12名成员共42人组成巴林国家宪法会议。本次选举由于选民代表多样化而一定程度上体现出了巴林民意,是萨勒曼民主政治改革初期一次较为成功的尝试。但此时的巴林,国内形势错综复杂,各种意识形态存在明显差异的利益团体要求不尽相同。其中,以哈利法家族为首的政府方面希望从维护社会和谐与稳定的角度出发制定宪法,较为保守的宗教派倾向于以教派原理来阐述宪法,而受过现代教育的学生团体和大部分商人要求在宪法中体现更多现代西方民主政治的元素。而在选举开始前,因利益诉求相同,制宪会议的其中15名成员一拍即合成立了联合组织,还有14名拥有更大政治抱负的民族主义议员成立了政治组织,8名工人团体的代表成立了有关劳工组织,以上群体一致要求埃米尔先取消1965年4月颁布的《公共安全法》。以解放阿曼和阿拉伯海湾民众阵线(PFLOAG)为首的众多巴林民族运动领导组织要求政府立即结束国家的"紧急状态"。与此同时,众多妇女及妇女团体要求享有投票权和选举权,反对性别歧视。而更多的巴林上层阶级则表示制宪能体现巴林国家独立,加强统治阶级与被统治阶级的联系和合作,但他们反对学习西方建立执政党和反对党来维护政治秩序的做法。当然还有当时力量相对薄弱的自由主义者、实用主义者及资产阶级民族主义者等,彼此间互不认同,很难达成一致意见。①但从选举过程和结果来看,议员代表呈现多样化的特点。在当时巴林的议会选举中,不同地区、不同阶层的议员代表能够相对应地体现不同地区、不同群体的民意。而随着该制度的进一步实行,巴林国内逊尼派与什叶派、保守派与自由派之间的力量对比也很快体现出来。比如,在麦纳麦,议员候选人绝大多数来自什叶派社区,而在穆哈拉格,这一特点恰好相反。20世纪50年代,以当地富商为代表的保守势力往往更容易进入当时的政治系统,参与国家的治理,而以反对英国帝国主义和殖民统治为目标的民族主义者则常常被排挤在外。如今,后者也开始渐渐崭露头角。以上特点都为巴林后来在国家治理和处理教派冲突等问题上提供了一定借鉴。

1973年12月7日,萨勒曼颁布宪法,宣布巴林实行君主立宪制并成立国民议会。这部宪法将哈利法家族的权力继承方式以法律形式确定下来,同时明确了巴林的国体、政体、国教、公民权利和义务、国家机构和社会的构成要素及其他一般性条款。然而仅仅两年之后,民众便发现这部巴林历史上第一部现代宪法的实施远远未达到他们的期望,国民议会也随即被解散。而之所以走到这种局面,究其原因主要有如下几点。首先,制定宪法的整个过程仍由哈利法家族主导。虽然埃米尔宣布巴林实行君主立宪制,但其仍掌控国家最高行政权、司法权和立法权。他还有权解散国民议会,且未经他本人批准,国民议会出台的任何法律都不具备最终效力。同时,巴林政府中的国务大臣、外交大臣等众多核心职位均由埃米尔本人任命,绝大多数都为哈利法家族自己的人所占据。这实际上使得君主

---

① Emile A. Nakhleh. *The Persian Gulf and American Policy*. New York: Praeger, 1982, p.27.

立宪制形同虚设。其次,通过选举产生的国民议会候选人或最终委员大多具有民族主义倾向或本身就是民族主义者,他们代表广大民众希望通过国民议会取得更多的民主权利。但以哈利法家族为首的统治阶级认为议员们争取的权利已经超出了他们能够容忍的范围,会威胁到他们对巴林的统治。最后,这部宪法的群众基础不够广泛。拥有选举权和投票权的只是巴林20岁以上的男性公民,部分成年男性及广大妇女群体被排除在外;商业精英阶层一开始就表态在民众议会选举方面持中立态度,且他们不会直接参与进来;而像解放阿曼和阿拉伯海湾民众阵线之类较激进的民族主义组织则对议会选举直接表示反对,也没有参与其中。因此,仅在巴林国民会议中通过的决策和法案因未能覆盖所有群体的集体诉求而必然引发重重矛盾。最后,包括巴林在内的海湾各阿拉伯国家由于刚刚才脱离殖民统治的泥沼,初步开启民主政治进程,传统的部落制度和现代民主政治制度之间的矛盾仍然存在于社会的方方面面,再加上缺乏思想成熟的现代政党,整个国民议会对宪法和宪政的理解十分狭隘。萨勒曼甚至直接在这部宪法中规定巴林王位的继承为世袭的长子嗣位制,除非某位埃米尔特别以元首诏令的形式指定一名继承人,否则其王位将在其长子及长子的长子间世代相传,巴林是海湾各国中唯一出台此种规定的国家。而以上所有的这些因素叠加在一起,便成为阻碍巴林政治民主化改革的一座座大山。

同时,萨勒曼对巴林的政治民主化难以有效推进的另一个重要原因便是政府反对派的存在。在20世纪60年代巴林的民族独立运动中,当地组织罢工运动的工会发挥着举足轻重的作用。在巴林正式独立后,为争取工人劳动报酬的提高和生活水平的改善,工会继续带领当地居民不断开展罢工和游行活动以换取统治阶级的重视。到70年代时,罢工已经开始诉诸暴力且工人们开始表现出极强的纪律性和组织性,曾一度让统治阶级倍感压力。而差不多同期成立的巴林革命先锋队虽然组织力量相对弱小,但因其倡导劳工运动激进派思想而使得统治阶级不敢完全忽视他们的诉求。

1976年8月,巴林埃米尔宣布无限期解散国民议会,此后巴林进入长达27年的无议会期。君主立宪制名存实亡,哈利法家族君主制取而代之,正式宣告巴林在建国初期进行的民主政治探索走向失败。这次政治民主化改革的失败也反映了当时巴林社会中反对民主的统治阶级与追求民主的被统治阶级之间的激烈冲突。在这之后,巴林民众就恢复国民议会、实现巴林政治的真正民主化,与政府方面展开了旷日持久的斗争。1978年后,巴林国内出现越来越多的教派主义秘密团体,他们大多由麦纳麦等地的贫民组成,但其背后的领导者却是什叶派的好战分子。除此之外,什叶派的组织还有伊斯兰号召党(Call to Islam)、伊斯兰行动阵线(IAF)、解放巴林伊斯兰阵线(IFLB)等。尽管这些势力一直受到巴林政府的打压和牵制,但其仍在巴林社会和政治生活中扮演了重要角色,成为巴林政府在制定各项决策时必须认真考量的要素之一。

反政府组织在后来的斗争中不断发展壮大,最终在1994—1999年的6年间引发与政府间的大规模政治骚乱,这是巴林历史上较大规模的一次政治斗争。该次政治动乱的开端是1994年底由14位反对派政治家签署、25000位民众附签的一份对埃米尔的请愿,内容包括出台宪法(1975年后巴林处于无宪期)、给予妇女选举权、成立由选举产生的议会。请愿被拒引发一系列政治暴乱,仅1995年,就有38人在与政府的冲突中丧生,同时有15000人被逮捕。很多反对派领袖被作为政治犯关押在沙漠监狱中。1994—1999年间,一系列政治斗争持续时间长,规模也较大,但均未产生参与者所设想的公民政治参与扩大化的结果,斗争的真正成果迟至哈马德上台后才出现。

1999年,巴林埃米尔伊萨·本·萨勒曼·阿勒哈利法因病去世,其长子哈马德·本·伊萨·阿勒哈利法继位。作为中东地区新生代政治家,哈马德从小接受西方民主思想的熏陶,受西方现代文明影响深刻的他上台伊始便着手开展民主化改革。这既是海湾地区的大势所趋,也是保证巴林社会安定和王室家族统治稳定的必要措施。就公民对民主改革的要求以及政府愿意做出的积极回应,哈马德国王说道:"我们曾经尝试过(民主),也就可以再尝试一次。"①其在随后几年所实施的一系列措施涵盖了现代民主制度所应具备的宪政、普选制、代议制等重要因素,民众的政治参与度得到极大提高。哈马德的民主改革主要包含以下几个方面:

其一是推进民主化进程,加强社会各阶层的团结。其中最大的举措就是修改国家宪法,恢复国民议会,实行君主立宪制政体。哈马德说:"我们通过民主选举恢复议会的决心既然下了,就不会再走回头路。"他以灵活务实的态度,一改自己昔日强硬的行事风格,采取协调与协商的方式与反对派对话,甚至满足反对派提出的许多政治要求。为了缓解矛盾,他扩大了1992年成立的协商委员会的人数和权力,其成员由30人增加到40人。2001年2月,哈马德签署法令废除《国家安全法》,解散国家安全法庭。5月,公共起诉委员会从内务部转移到司法

---

① Aftab Kamal Pasha. *India, Bahrain and Qatar: Political, Economic and Strategic Dimensions*. Delhi: Gyan Sagar Publications, 1999, p.8.

和伊斯兰事务部。2001年末,巴林政府允许有关政治和社会经济事务性质的非政府组织和政党存在。2002年2月,哈马德继续对巴林实行其第二阶段的改革——颁布新的宪法,2月14日,他宣布巴林是一个君主立宪制国家,改国名"巴林国"为"巴林王国",埃米尔改称国王,他自己出任国王。10月,他提出了立法选举的计划,同时实行两院议会制度并举行议会选举,巴林正式进入宪政时代。

总的来看,巴林完全实现民族独立是其开始政治民主化的一个重要分水岭。独立前的20世纪60年代,巴林参与政治斗争的主体逐渐转变为普通民众。参与政治斗争主要有三种形式:首先是发端于50年代的部落联盟运动,其次是以工人为主体的劳工运动,最后是有教派倾向的政府反对派运动。[①]对民主政治参与的渴望一旦被激发出来,就很难被彻底扑灭。因此,巴林的政治斗争规模不断壮大,群众基础也逐渐广泛。独立后的巴林政治斗争并没有止步,但出现了新的转向,即政治斗争的对象转变成了占据统治地位的哈利法家族。对民主选举的要求成为斗争的主要内容,在此背景下,萨勒曼哈利法以及哈马德国王都在改革政治体制上做出过努力。选举范围的扩大、国民议会的成立、1973年和2002年《宪法》的出台都是哈利法家族对民众政治参与要求的积极回应。

2006年11月25日和12月2日,巴林举行第一、二轮议会选举。选举结果显示:伊斯兰民族和谐社团(Islamic National Accord Association,什叶派伊斯兰主义派)获得17票(第一轮16票,第二轮1票);民族伊斯兰论坛协会(National Islamic

---

① Fred H. Lawson. *Bahrain*: *The Modernization of Autocracy*. Boulder: Westview Press, 1989, p.83.

Association,穆斯林兄弟会)获得17票(第一轮16票,第二轮1票);传统伊斯兰社团(Heritage Islamic Association,萨拉菲派)获得5票(第一轮4票,第二轮1票);民族民主行动社团(National Democratic Action Association,自由派人士和民族主义者)获得0票;逊尼派伊斯兰主义者(Independent Sunni Islamist,亲政府)获得9票(第一轮3票,第二轮6票);反对派(与什叶派伊斯兰主义者结盟)获得1票(第一轮0票,第二轮1票)。上述选举结果表明,与阿拉伯世界的其他国家一样,巴林的伊斯兰主义者在动员民众选举和支持上做得较为成功。在巴林议会选举过程中,教派主义超越了伊斯兰意识形态,自由主义者与什叶派伊斯兰主义者在议会选举中达成默契。穆斯林兄弟会和萨拉菲派在第二轮选举中共同支持逊尼派伊斯兰主义者。巴林政府一直是逊尼派伊斯兰主义者的支持者,并给予国外的巴林逊尼派穆斯林合法的公民权,以拉选票,导致自由派人士和民族主义者指责政府操纵议会选举。

其二是释放政治犯,以显示新君的宽容气度。1999年3月,哈马德继承王位后,巴林政府与反对派的关系得到缓和。巴林自由运动领导人开辟了与新埃米尔对话的渠道。1999年5月,巴林释放了大约300名政治犯。哈马德关注巴林监狱虐待囚犯的报告,在协商委员会内部建立人权委员会,调查虐囚事件。2000年末,哈马德成立委员会协助草拟《民族宪章》(National Action Charter),将巴林变成拥有议会选举和协商委员会的君主立宪制国家。在对宪章进行全民投票的前一天,哈马德释放了所有的政治犯。在21.7万合法投票人(年龄在20岁以上的男女公民)中,宪章最终以98.4%的赞成率优势通过。2001年2月5日是巴林国防军建军33周年庆典,哈马德签发特赦令,900多名罪犯被法外施恩,得到大赦。一位什叶派穆斯林在被囚禁5年后,在此次大赦中重获自由。他满怀感激地说:"这些举措具有非常积极的意义,而且是出乎所有人意料的。此前,我们虽然预料到会出现某种变革,但没有想到变革的速度如此之快,力度如此之大。"

其三是大幅提高妇女地位。哈马德允许女子和非穆斯林参政,打破男子主导政治体系的传统格局。1999年12月,巴林妇女哈亚·拉希德·阿勒哈利法被任命为驻法大使,第一位巴林女大使的出现在保守的宗教人士看来是一次政治地震。哈马德还破天荒地赋予妇女选举权和被选举权,巴林妇女可以堂堂正正地角逐于政坛。新国王重视妇女在国家生活中的作用,近年来,妇女在巴林政法界的作用不断增强。2000年,埃米尔任命了6位妇女担任上议院议员。2001年,巴林成立了"妇女最高委员会",其16名成员都是女性。2006年6月,巴林女外交官哈亚当选为第六十一届联合国大会主席,成为首任此职的阿拉伯和穆斯林妇女。莫娜·卡瓦里被任命为巴林首位女法官,她也是海湾地区第一位女法官。2006年11月,巴林财政部人事司司长拉提法·加乌德女士当选为议员。2007年4月26日,哈马德国王正式任命留学埃及的法学女博士多哈·齐亚妮为宪法法庭法官。2008年4月,舒拉会议的一名犹太女律师,被任命为巴林驻美国大使。哈马德推进妇女参政议政一方面是由于受到其妻子——巴林最高妇女委员会主席比卡的影响,另一方面,也展示了新一代国王开明、摈弃传统思维的现代化姿态。

其四是稳步推进经济改革。巴林统治者一直致力于推动经济多元化格局,并取得了显著的效果。金融服务、石油工业、旅游业成为巴林三大支柱产业,巴林被称为"中东的香港""阿拉伯世界的苏黎世"。哈马德上台后,颁布了一系列鼓励外商投资的优惠政策,并在炼油、炼铝、钢铁、造船、塑料加工以及食品、制药和通信设备等部门投入巨额资金,带动了巴林经济新一轮的腾飞。

其五是实行以务实、自主、睦邻、广交为主旨的多边外交。巴林与卡塔尔的领土纠纷一直是中东关系中的棘手难题,哈马德即位后主动改善同卡塔尔的关系,2001年3月16日,海牙国际法庭做出了最终裁决,和平解决了这一历史遗留问题。巴林与伊朗在历史上一直心存芥蒂。2002年8月17日,哈马德访问德黑兰。次年,伊朗总统哈塔米回访巴林,两国关系得到改善。哈马德在伊拉克问题、中东和平进程中都表现出非凡的气度,被称为"成熟的外交家"。

其六是打击恐怖主义。巴林是美国忠实的盟友,但国内的反美力量很有市场,巴林政府一直加大力度防范和打击恐怖主义。2003年2月15日,巴林警方成功粉碎了一场发动恐怖袭击的阴谋,并逮捕了5名嫌疑恐怖人员。随着中东反美主义的兴起,巴林面临恐怖主义威胁的可能性会更大。[1]

总的看来,这次改革意义非同寻常。其积极意义体现在以下几个方面。

第一,这次改革使巴林由一个酋长国变为一个君主立宪制的王国,说明巴林政治开始向现代政治体制过渡。

第二,在这次改革中,许多1975年流亡国外的反对派人士返回巴林,大批政治犯被释放,这将有利于缓和巴林国内的紧张状态,有利于社会稳定。

第三,这次改革还创造了许多"第一"。它是巴林第一次成功的民主改革,也是第一次民主启蒙运动,巴林妇女第一次获

---

[1]　韩志斌:《列国志:巴林》,社会科学文献出版社2014年版,第76—78页。

得了政治权利,推动了巴林与海湾地区女权运动的发展。

这次改革为巴林带来了政治新气象,对未来巴林的政治发展走向影响深远。但其民主改革的局限性也很明显,表现在以下层面。

一是君主立宪二元制度决定了这次改革的不彻底性。上院的议员由国王任命,其席位数超过下院,虽然议会拥有立法权,国家大事也必须经过议会表决,但国王有权否决议会的决议。这一定程度上也说明统治家族在权力与民主之间徘徊的矛盾心态。

二是哈马德国王继位后,积极参与政治事务。他宣布改行君主立宪制,势必会削弱哈利法与统治阶层中保守势力的力量,保守力量一直认为放弃权力会威胁到他们的势力。

三是巴林诸多社会问题仍制约着民主改革的进展。一些高级军政官员携巨款出逃的案件,导致民众对王室与政府的信任度降低,对政治产生抵触情绪,这对民主进程的发展是十分有害的。

从修宪、选举到完全实现政治民主化还需要持久不懈的努力。但不可否认,巴林的民主改革开启了海湾国家政治民主化之门,它带来的示范效应必将推动整个地区的政治民主化进程。

中篇

巴林的今生

巴林的皇室

为什么海湾王权国家能够维系至今？该问题的答案离不开石油收入、伊斯兰教文化、人文结构、资源与人口配比、石油产业集中度及地缘区位等诸般因素。不过以上种种，都是着重于分析客观条件。然而，巴林王国施行君主制，除了王室需要延续统治的客观原因外，其实也有其必要性。

20世纪中后期以来，建立现代国家治理体系并充分发挥治理能力是世界各国所追求的主要发展目标。海湾君主制国家现代国家治理体系的构建起于20世纪初期，随着石油财富的涌入以及六七十年代英国殖民者逐渐退出海湾地区，各酋长国的治理任务也由构建现代国家治理体系转向发展和完善治理体系与提升治理能力。其后，历经数十年发展，海湾君主制国家取得了令人瞩目的治理成果，它们大多政治稳定、经济繁荣、民众富足、社会康乐。然而，在繁盛表象之下，海湾诸国的国家治理正处在十字路口，旧有的治理体系与治理能力越发不能适应新时期的发展，以往积累的政治、经济、社会、宗教文化等问题一直未能彻底解决，引发了诸多治理矛盾。沙特阿拉伯、巴林等海湾君主制国家只有坚定推进国家治理变革，切实提升治理能力，解决遗留的治理顽疾，持续推进国家发展，才能应对新时期的多重挑战，辩证地抓住利好机遇，确保国家的长治久安。

巴林政体的突出特点是国家元首继承制度化，实行世袭的长子继承制,国家由哈利法家族进行统治。这一制度化的继承结构有利于限制王室内部的争权夺利,以实现政治权力的平稳过渡。宪法规定,巴林的统治权实行世袭制,伊萨·本·萨勒曼·阿勒哈利法将职位传给他的长子,如此世代相传。但是,若埃米尔以"继位诏令"指定另一儿子为继承人,则情况例外,继承人以诏令为准。自巴林独立以来,哈利法家族一直统治着巴林。哈利法家族成员长期占据内阁职位数一半以上。教育委员会和卫生委员会主席、警察与公共安全部大臣等职由王室成员担任。除中央一级外,巴林4个自治市、2个农村自治区委员会的成员一半由选举产生,另一半则由王室控制。

　　巴林现任国王哈马德·本·伊萨·阿勒哈利法(Hamad bin Isa Al-Khalifa)系埃米尔伊萨之长子。1950年1月28日出生于巴林北部里法城,6岁起开始接受初等教育,在伊斯兰学者指导下诵读《古兰经》,学习伊斯兰教教律和阿拉伯语,他对阿拉伯诗歌情有独钟。年幼时,他还喜欢听伊斯兰历史上英雄的生动事迹,梦想成为一名军人。1963年,哈马德以优异的成绩完成初等教育。1964年6月27日,他被立为王储,随后到英国阿普尔加斯公学、桑德赫斯特皇家军事学院学习,还曾在英国军队中实习过。

　　他治军有方,1968年任国防部负责人,1969年任巴林国民卫队司令。1971年8月15日,哈马德改任国防大臣兼武装部队总司令,成为其父的得力助手。哈马德在军事方面主要采取了以下措施:一是鉴于巴林国内人才缺乏,军队初建时哈马德从国外(主要是约旦和巴基斯坦)招募人才;二是将巴林军队培育成具有陆、海、空三军协调作战体系的现代化作战部队。之后,他还到美国陆军指挥与参谋学院进修,以优异成绩毕业,名字至今还留在学校的荣誉榜上。1973年,第四次中东战争爆发,哈马德率巴林国防军加入埃及一方与以色列对抗。他还曾被任命为巴林国务委员会委员、哈利法家族委员会副主席、巴林青年和体育最高委员会主席。

他从1967年2月起获多枚勋章，其中著名的有：巴林哈利法勋章、巴林一级勋章、巴林军事服役勋章、约旦之星一级勋章、约旦复兴一级勋章、伊拉克两河流域一级勋章、科威特国防一级勋章、摩洛哥穆罕默迪一级勋章、埃及共和国绶带一级勋章、伊朗王冠一级勋章、沙特阿卜杜勒·阿齐兹国王一级勋章以及英国麦卡尔和乔治骑士勋章等。1986年他以王储名义设立亚洲最佳运动员奖。著有《晨曦》一书。1978年，哈马德成立巴林历史文献中心，专门收集整理各国的历史文献和图片，定期汇编成册出版。哈马德重视科学技术在国家发展中的作用，建立并主持巴林科学研究中心。

1999年3月6日，哈马德的父亲伊萨·本·萨勒曼因心脏病去世，哈马德继承大位，成为第十一任埃米尔，也是巴林独立后的第二任国家元首。哈马德国王有很强大的军事背景，他将军队人员逐渐安插进政府。做王储时期，他曾与政府反对派进行过对话。作为统治者，他继任国王后，进一步实施经济结构多元化的发展战略。针对巴林铝资源丰富的特点发展炼铝产业，加大对石化工业、造船业的扶持力度，增加对服务业和旅游业的投入，吸引和鼓励外商投资。登基刚1年，为稳步推进政治和经济改革，哈马德成立了最高国民委员会，起草政治、经济和社会发展蓝图《民族宪章》，于2001年2月举行公投。2002年2月14日，巴林颁布新宪法，更改国名为巴林王国，正式确立为君主立宪制国家，首脑称谓由埃米尔改为国王。新宪法规定：国王是"不可侵犯的"；其继承人实行子承父业的原则。国王有权任命和罢免首相与部长，可以批准和颁布法律制度，具有任命与解除协商委员会成员、法官、高级司法委员会主席以及新宪法法院成员的权力。他批准并保证宪法法律的执行,有权修改宪法,这一规定在1973年版本中没有提及。宪法还规定下议院或者协商委员会的15个成员有权修改宪法。此外,旧宪法给予统治者解散国民议会的权力,但新宪法并没有明确说明国王有此特权。在哈马德称王的同年,原协商议会宣布解散,他成立两院制议会,加强司法独立,实行三权分立,开启了巴林政治史的新阶段。不过国王的权力依然很大,上院全部议员要由国王任命,且议会通过的法律草案在得到国王的批准后才具有法律效力。他放宽新闻自由,释放政治犯,允许反对派回国,重视就业本土化以解决失业问题。重视同美、英、法等西方大国以及沙特、埃及等阿拉伯国家的关系。对华友好,坚持奉行一个中国的政策,重视发展双边经贸合作。

哈马德还为巴林制订了21世纪发展战略,目标是将国家建设成为海湾乃至整个中东地区的金融服务中心、外国直接投资合作中心、国际会展中心和技术培训中心。哈马德奉行比较自由的经济和金融政策,阿拉伯媒体称:"走多元化发展之路这一明智战略的制订,是哈马德国王未雨绸缪、深谋远虑的结果。"

哈马德精力充沛,兴趣广泛,投身于国防、文化、教育、体育、科技和卫生等各个领域。他在语言、诗歌方面有较深造诣,精通英语,爱好骑马、游泳、驾驶直升机、鹰猎、射击、踢足球、打高尔夫球和网球等体育运动。1977年6月,哈马德建立巴林埃米尔赛马场,并于1978年加入世界阿拉伯赛马协会。哈马德对飞机的兴趣始于童年,1977年10月,他学习驾驶直升机,1978年1月14日,通过考试成为一名飞机驾驶员。1979年1月30日,哈马德加入了英国直升机俱乐部,成为该俱乐部一名永久成员。他曾是巴林皇家空军的一员,并担任上校一职。他还曾在1990—1991年的海湾战争期间担任巴林空军部队的指挥官。2014年,他还资助了巴林空军的一个小组,让他们前往英国参加一场名为"雷暴2014"的飞行比赛。这个小组由巴林皇家空军的年轻飞行员组成,他们在比赛中表现出色,最终赢得了比赛的冠军。此外,他还曾在一次国家庆典上,亲自驾驶一架飞机,进行了一次惊险的飞行表演。可以说,哈马德国王是一个不折不扣的飞行爱好者,他的飞行技巧也备受称赞。

1968年10月9日,哈马德同其堂妹赛碧凯结婚,之后又娶三妻,膝下共有7子5女。长子萨勒曼·本·哈马德·阿勒哈利法生于1969年10月21日,现任首相、王储,同时也是巴林武装力量最高副统帅;次子阿卜杜拉·本·哈马德·阿勒哈利法,1975年6月30日生,于2010年3月23日被任命为国王私人代表,主管经济事务;三子哈利法·本·哈马德·阿勒哈利法生于1977年6月4日(赛碧凯王后生);四子纳塞尔·本·哈马德·阿勒哈利法(二王妃生),现为巴林青年和体育最高委员会主席;五子哈立德·本·哈马德·阿勒哈利法(二王妃生)担任皇家卫队特种部队指挥官、巴林奥林匹克委员会主席、巴林青年和体育最高委员会副主席及巴林篮球协会主席;六子苏尔坦·本·哈马德·阿勒哈利法(四王妃生);另外一个儿子费萨尔·本·哈马德·阿勒哈利法丁2006年1月13日因车祸不幸丧生,年仅15岁。另有女儿娜杰拉·宾特·哈马德·阿勒哈利法公主、努拉·宾特·哈马德·阿勒哈利法公主、穆妮拉·宾特·哈马德·阿勒哈利法公主、海莎·宾特·哈马德·阿勒哈利法公主、里玛·宾特·哈马德·阿勒哈利法公主。

萨勒曼·本·哈马德·阿勒哈利法(Salman bin Hamad Al-Khalifa)系现国王哈马德之长子,1969年10月21日生。作为王位继承人的萨勒曼从小就接受了最为先进的国际化教育。他中学入读的是巴林学校，这所学校由美国国防部主建，所以他周围的同学大部分都是驻巴林的美国海军和外交官的子女。高中毕业后，萨勒曼赴美留学，1992年2月6日在美国华盛顿大学获政治学学士学位，1994年获英国剑桥大学历史哲学硕士学位。学成归来的萨勒曼，很快就有了用武之地，1995年被任命为巴林国防次大臣、巴林国家研究中心董事会主席。1999年，萨勒曼的祖父去世，他的父亲哈马德成为巴林埃米尔。3天后，年仅30岁的萨勒曼即被任命为巴林王储，同年3月22日被任命为巴林国防军总司令，成为父亲最坚实的左膀右臂，并在此后父亲的巴林改革计划中扮演了重要角色。他在国王或首相出国期间任代国王或代首相，并主持内阁工作。萨勒曼受过良好的西方教育，主张开放的政治制度和自由化的经济体系。

2001年2月18日萨勒曼被任命为《民族宪章》实施委员会主席，主持制定法律法规，组织实施巴林最高领导推行的政治经济改革。2002年，巴林在举行全民公投后，正式确立为实行君主立宪制的巴林王国，在国家改制中鞍前马后出力的萨勒曼，很快受到父亲的"加封"，在王储头衔之外，又先后担任起巴林经济发展委员会主席、国家第一副总理等职务，负责制订和监督巴林的经济发展战略，吸引外国直接投资进入巴林。

萨勒曼积极投身参与公共事务。为了给巴林年轻人提供学习机会，他于1999年建立了王储国际奖学金计划，支持学生留学海外，为了让人民有谋生出路，他一手创立劳动力市场监管局，推动就业；为了提振巴林的国际影响力，他引入赛车运动，让巴林在2004年交付了第一个一级方程式赛车场。年事已高的老国王看到了儿子的能力，开始不断放权，不仅让他在国内施展拳脚，而且在越来越多的国际政务中，出现的也是王储的身影；2016年，查尔斯王子和卡米拉到访巴林，萨勒曼王储负责接待；在"克林顿全球行动计划"高峰会议上，萨勒曼王储西装革履出席并发言；在白宫，他与特朗普会谈。在众人虎视眈眈的王位争夺战中，他凭借自己的学识和稳重，扫清各种障碍，始终是父亲最推崇和信任的人选。

他的妻子是财政与国民经济部副部长的女儿哈拉·宾特·杜伊吉·阿勒哈利法。2006年7月，他与夫人哈拉离婚，二人育有2子2女。

20世纪70年代末，哈利法家族一直占据着国家中最重要的职位。这种统治结构一直到20世纪80年代仍没有多大变化。哈利法家族的内部事务由一个委员会管理，其负责人是哈利法家族的成员。该委员会由埃米尔主持，监督每月津贴和其他经济收益的分配，通过将津贴分发到各个家族，预防内部的矛盾与家族内讧，防止统治集团分裂。巴林政府中的重要职位，包括内务大臣、国防大臣和外交大臣都掌控在哈利法家族的手里。1997年，巴林建立了与沙特阿拉伯相似的国民卫队，增加了警察和军队的数量，增强了统治家族的权威。

巴林政坛历史上还有一位极具影响的人物，他就是已经过世的巴林王国前首相哈利法·本·萨勒曼·阿勒哈利法（Khalifa bin Salman Al-Khalifa），他是巴林第12任酋长萨勒曼之次子、第13任埃米尔伊萨之弟、现任国王哈马德之叔。1935年11月24日哈利法生于巴林西部的杰斯拉宫，自幼同其兄伊萨深得其父萨勒曼酋长的厚爱，在英国接受高等教育，能讲一口地道熟练的英语。哈利法于1954年任巴林租赁委员会成员，1957年任教育委员会主席，1959年任巴林政府秘书长，1960年任巴林政府财政大臣，1962年任麦纳麦市市长，自1966年起分别任行政委员会和国务委员会主席，自1966年起分别任行政委员会和国务委员会主席、内阁首相。此外,他还领导巴林国防最高委员会、工程项目最高委员会、石油最高委员会、民政服务最高委员会以及水资源委员会。1976年12月19日他被授予哈利法勋章,2009年获哈马德国王最高发展勋章。

哈利法注重经济、社会问题的研究。关心百姓疾苦,喜欢微服私访,慰问不幸家庭,或看望病人,或去工地了解情况,重视群众来信,并帮助群众解决重要问题。他定期邀请专家学者到首相官邸讨论各种问题,关心知识分子和思想家以及他们的思想文化成就和著述。哈利法重视巴林历史和文化遗产,重视保护生态环境,追求返璞归真的自然生活。2007年,联合国人居署授予他"联合国人居特别奖",以表彰其为保护巴林古老文化遗产所做出的积极贡献。

哈利法对华友好,多次接见我国访问巴林重要代表团,赞扬我国改革开放所取得的伟大成就,表示愿与我国发展友好合作关系。他曾在2002年5月16日至18日访华,江泽民主席、李鹏委员长、吴仪国务委员予以会见,朱镕基总理与其举行会谈,双方签署了避免双重征税和防止偷漏税协定,关于劳务合作及职业培训领域合作协定,2002年至2004年文化合作执行计划,关于在巴林设立中国投资与经济服务中心谅解备忘录,关于向巴林派遣农、牧、渔专家换文和建立中巴联合商务理事会合作协议。2008年11月3日至6日,第四届"世界城市论坛"在南京举行,哈利法出席并为获得联合国人居奖的国家颁发以他本人名字命名的"哈利法·本·萨勒曼·阿勒哈利法人居奖"。

哈利法同时也是一位商人,与巴林工商界人士关系较好。他爱好读书、园艺和摄影,喜欢散步。工作之余,他喜欢和孙子们在一起。他有3子1女。长子早逝;次子阿里·本·哈利法·阿勒哈利法现为副首相,曾任交通大臣,主管交通、通信、航空等事务,在政府中地位显赫,经常陪同首相出席官方活动,1998年2月曾访华,同我国签署航空运输协定;三子萨勒曼·本·哈利法·阿勒哈利法曾应邀参加香港回归庆典、澳门回归庆典以及在上海举行的《财富》全球论坛会议,为现任首相顾问和巴林石油公司副董事长。女婿拉希德任内政部主管护照和移民事务次大臣。

巴林皇室还有许多低调而又有才干的成员。

哈亚·拉希德·阿勒哈利法,巴林空军第一位战斗机女飞行员,其单飞是在一架"鹰"129教练机上完成的。她是已故首相哈利法·本·萨勒曼的孙女,拥有巴林皇家贵族血统,毕业于英国著名的桑赫斯特皇家军事学院。巴林媒体介绍她在为巴林高官及高级将领进行的飞行表演中,展现了非凡的勇气和高超的飞行技艺。

萨尔曼·本·易卜拉欣·艾尔·哈利法(Salman bin Ebrahim Al-Khalifa),巴林王室成员,1992年在巴林大学获得英语文学和历史学士学位,对足球有浓厚的兴趣,20世纪80年代,他曾在巴林国内的王牌俱乐部里法队的青年队踢球。从2002年开始担任巴林足协"一把手"的他自称曼联忠实球迷,现为国际足联副主席、亚足联主席,2002年起担任巴林足协主席。萨尔曼的特点是善于管理。自萨尔曼入主巴林足协以后,巴林国家队跃居亚洲强队之列,连续两次打入世界杯预选赛亚洲十强赛。

巴林是二元制君主制王国。国家元首由哈利法家族世袭,掌握政治、经济和军事大权。议会实行两院制,协商会议由国王任命的40名议员组成;众议院由40名直选议员组成,议长由议员选出。国民议会通过的法律草案均须呈国王批准。内阁是最高行政机构,内阁首相由国王任命,对国王负责。巴林作为世界上为数不多存在君主且由君主掌握实权的国家,它的发展对世界政治经济格局有着无可替代的影响。

在君主立宪制下,国王作为中央集权的最高等级,在一个资源有限但需要发展的国家中发挥着重要作用。在二元制君主制下,当权力高度集中于一人之手后,即便是在统治集团内部,内耗程度也会大大降低——这不仅能进一步减少内部资源消耗,还可以提高国家的战略实施效率。国王作为类似于精神领袖的存在,对国家的凝聚力有非常大的积极作用:当政府出现信任危机而无法收场的时候,皇室可以迅速稳定人心,安抚人民;当政府需要改革时,皇室也能如同定心剂一般向民众展开号召。

当然,二元制君主制也是有风险的。毕竟如果君主治理的水平过于不尽如人意,那带来的损失将远远超过降低内耗所增加的收益。不过现代世界毕竟不同以往,即便是坚持君主制的国家,出现低水平领袖的可能性也不大。而且巴林的国王,还是要受到王室核心成员制衡,面临国民和国际社会的检验的。皇室成员也许会为了私利产生分歧,但身处紧迫大环境下,都会选择推选一个合适的国王上位。

巴林王国的旅游名片

在碧蓝的阿拉伯湾中,33个大小不等的岛屿组成了巴林王国这个由黄色与蓝色主导的国度。巴林作为古老的迪尔蒙帝国的传奇所在地、海湾珍珠历史的中心所在地,有着值得人民骄傲的历史,而现在的巴林拥有现代化国家的所有标志,是一个富裕的海湾国家。传统与现代并存的巴林王国,由于大量的外籍人口涌入,与当地人融为一体,形成了独一无二的多元文化景观。

想要了解一个国家,需要深入了解这个国家的文化历史、景物和当地居民。而如果想对一个国家有最基本的实地了解,名胜地标是绕不开的话题,就像中国的长城、美国的自由女神像、英国的大本钟、法国的埃菲尔铁塔和埃及的金字塔一样,都如同向来访者递出的国家名片,展示其最为特色生动的一面。而在巴林王国,"一棵树、一口井、一座桥、一座清真寺和一座城堡"便是人们口口相传的巴林名片。

巴林在1971年宣布独立,其实,这里在公元前3000年已建有城市。巴林是海湾和中东的旅游大国,发达的旅游业带来的收入是巴林外汇的重要来源。5000年异彩纷呈的文明历史,独特多样的海洋风情,岛国多元文化的精神资源,不同于其他海湾国家的旅游服务,适合八方宾客口味的菜肴和饮料,这些都吸引着大批阿拉伯人和欧美游客到这里旅游和度假。

巴林的城市位于一系列岛屿上,33个岛屿中只有6个岛屿有人居住,它们是巴林岛(Awali,也称阿瓦利岛)、穆哈拉格岛(Muharraq)、锡特拉岛(Sitrah)、那宾萨利赫岛(Nabin Salih)、吉达岛(Jiddah)和乌姆纳桑岛(Umm Nasan)。有时一座岛屿就是一座城市,城市之间的连通渠道为桥梁堤道。1986年,巴林与沙特阿拉伯之间建成了长达25千米的法赫德国王堤道,该堤道刺激了巴林商业发展和旅游业的兴盛,成为巴林外向型经济结构的主要通道。巴林城市化水平较高,除部分巴林人居住在乡村外,92%的居民都住在城市。麦纳麦和穆哈拉格是巴林的贸易中心和交通要道,也是大型商业中心和工业集中地,还是政府官员和外交使团的官邸所在地。

漫步于巴林王国的首都麦纳麦,你会看到庄严神圣的清真寺,也会看到抽象的现代雕塑和高楼大厦。高达240米的巴林世贸中心,将风力发电和现代建筑巧妙融合,双塔的外观造型像两叶鼓满的风帆,中间嵌有3台叶片直径达29米的风力发电机,为建筑源源不断地提供着清洁能源。麦纳麦是一座与众不同的城市,不管是大型公共建筑,还是普通民居,大都线条简洁、色彩明亮。从古老到现代,从随处可见的阿拉伯尖顶,到最时兴的现代建材和风格迥异的各类建筑,在温暖的海风里,一起汇成了浓郁的海湾风情。

敬畏生命的箴言——"一棵树"

热带沙漠气候中的巴林,大多数脆弱的生命在此都难以生存,巴林人更是千百倍地尊重生命、崇尚生命、珍惜生命。面对无差别摧残生命的恶劣环境,巴林人自然而然地把给他们带来生机、带来活力、带来希望的不死古树当作民族的图腾。沙漠中屹立400多年的生命之树(Tree of Life),生长于巴林中部杜汉山(高134米,意为"烟之山")东南侧的一座沙丘之上,周围是一片沙质荒原。树大根深，叶子细小浓密，春秋两季开黄花，冬季落叶。树高10至15米，枝叶覆盖面积达200多平方米，树龄已达400多年。

　　从巴林首都麦纳麦市区一路向东南，绿色逐渐减少，金黄的沙土越来越多。驶入贾拜尔杜汉地区的沙漠后，路的界限几乎在沙尘中变得模糊。突然间，已经令人视觉疲劳的沙黄色中闪过一团绿色，恍惚间让人无法相信自己的眼睛，那团绿色便是被巴林人看作奇迹的生命之树。该树外观看起来很像金合欢树，实际上是牧豆树(Prosopis Cineraria)。这棵树本身品种并不珍稀，其奇特的地方在于树的周围数十米内不见任何水源，也看不到其他花草植物，只有这棵牧豆树枝叶繁茂、郁郁葱葱，在这片寸草不生的荒漠中傲然生长百年。

　　相对于找寻究竟是什么水源维持了这棵树的生命，当地人更相信一个美丽的传说：这里便是《圣经》里提到的亚当和夏娃居住的伊甸园所在地，又或者有人相信这里有水神在佑护生命之树的成长。无论是何种说法，都显示巴林的"一棵树"不仅是个神话，也是巴林人的精神所在。生命之树的枝叶相当繁茂，远远看过去像是一个巨大的伞盖，一些垂到地表的枝干也扎下了根。身处一望无际的荒芜沙漠，在树下抬头仰望这棵生命之树，枝条弯弯曲曲，叶片茂盛舒展，炎热的风似乎在此处也得到了暂时的停歇。生命之树曾在数次水深火热的困境中带给巴林人继续生活的希望，以它顽强的生命力一次次地给予人继续生活的勇气，它静静地伫立在此处，人们便能自然而然在这儿感受到生命的力量。

　　那么究竟为什么生命之树能在雨水稀少的沙漠生存？有科学家推测，它的根已深深地扎到地下数百米的深处，有着惊人的深度与广度，能够吸收往下数百米深、延伸数千米外的地下水，但这推断始终未被证实。当地的巴林人在数百年与生命之树共同生存发展的历史里已经逐渐减弱了对真相的好奇心，取而代之的是对它的崇敬与珍爱。

随着巴林王国的石油开采和对外部世界的逐渐开放，巴林旅游部门因树造景，将此地的漫漫黄沙与这棵高龄古树巧妙地组合成独特的景观。巴林王国文化遗产旅游部还拨出专款对生命之树加以保护，并立有刻着"巴林古树遗址"的纪念碑，使其成为巴林王国现代旅游业的象征。

致富的希望——"一口井"

生命之树向北几千米处的巴林中部杜汉山东侧，就是巴林人的另一个骄傲——"一口井"的所在地。如果说"树"带给巴林人的是生命的力量，那么"井"带给巴林人的则是希望。

提到中东发达的石油国家，一般人立即联想到的无非是沙特阿拉伯和阿联酋等国，然而，巴林才是海湾地区石油开采的先驱。早期，巴林人以采集珍珠、渔业和贸易为生。1931年，巴林开始挖掘第一口油井，在贾拜尔杜汉沙漠地区勘探的巴林石油公司发现轻质低硫原油，次年6月，第一口油井喷出原油，巴林人将其命名为"埃米尔一号"。此时正值巴林一直赖以为生的采珠业走向末路，该油井出油后，海湾地区接二连三发现大量油田，这让巴林人看到迅速由贫到富的希望。而"埃米尔一号"同时也是中东地区的第一口油井，所以如果将这里称为中东石油业兴起的原点也并不为过。

希望之井带来了希望，熊熊的现代科技之火照亮了巴林的亘古荒原。"埃米尔一号"带给巴林人财富，燃起了他们追求新生活、新目标的激情。一口油井成为巴林人梦想变成现实的标志。

一口井(Jane摄)

　　饮水思源,如今这口改变了巴林命运的油井已经告别了它黑金喷涌的岁月,成为了历史符号。但巴林人并没有遗忘过去,而是将这第一口为他们带来财富与辉煌的油井列为纪念性景点。余秋雨先生在《废墟》一文中写道:"没有废墟,就无所谓昨天,没有昨天就无所谓今天和明天。废墟是课本,让我们把一门地理读成历史;废墟是过程,人生就是从旧的废墟出发,走向新的废墟。营造之初就想到它今后的凋零,因此废墟是归宿。"巴林人按照当初的样子重建了这口井,并在井旁立起了纪念碑。透过半人高的围栏,我们只能看到一个乌黑的洞口,以及旁边一些输油管道。这口井象征着巴林人的创业史,辉映着现代的自信与梦想。在洗尽铅华后,这口枯井默默地带着老者般的沉着与大气,从容面对新的挑战和机遇。

　　巴林王国并不仅仅满足于成为一个凭借自然资源发达起来的国家,丰富但有限的石油资源背后,蕴藏着巴林探索新的经济增长点的雄心。为众大国所包围的巴林,很早就有了危机意识和经济开放的传统,从20世纪起,巴林政府就开始全力打造旅游业、金融与银行业,致力于使该国成为整个中东地区经济发展最健康、产业结构最合理的国家。近年来,巴林王国致力于经济结构多样化发展,以期继续减少对石油的依赖。

连接过去与现代的纽带——"一座桥"

连接沙特阿拉伯与巴林的跨海大桥——法赫德国王大桥(King Fahd Causeway)横跨巴林湾。封闭的海上孤岛被这长虹一样的大桥连通,从此之后现代文明涌入巴林,巴林人把这跨海大桥当作连接过去与未来的纽带。

20世纪70年代末,巴林建国时境内陆路交通设施破旧,当时的巴林人口稀少,发展缓慢,外籍人口数量也保持在一个较低水平,政府对道路交通系统的建设也十分缓慢。进入八九十年代后,巴林利用石油资源大力发展国民经济,在城市发展规划等方面加大了投入和开发力度。于是在巴林人眼中,他们拥有了属于自己的骄傲:一座连接了他们的过去和未来的大桥,那就是巴林—沙特阿拉伯跨海大桥——法赫德国王大桥。这座大桥全长25千米,曾是世界最长的海面高架跨海大桥。从1981年正式开始修建,耗时4年半才建成。远远望去,这座桥就像横跨在海上的长虹,分别从沙特阿拉伯和巴林的国土"出发",在海中央的一个小岛上"落脚"。这个12平方千米的小岛是一座人造岛,两国边界就划在岛上,两国交界处的人工岛面积66万平方米,岛上设有边防站、海关、行政办公楼、海水淡化厂、观景塔、饭店等。目前平均每天过往人员达3.1万人次,极大方便了巴林与沙特阿拉伯等海合会(全称为海湾阿拉伯国家合作委员会)国家间的交通与人员往来,这密切了巴林与各国的关系,加速了国家间的贸易交流。沙特和巴林在距边界千余米处各建了一座样式相同的观光塔,游客可以从塔上俯瞰大桥。

法赫德国王大桥被巴林人视作骄傲,同时带给沙特阿拉伯人极大实惠,也密切了巴林和沙特阿拉伯的关系,加速了两国的贸易交流。由于巴林是中东比较开放的国家,每到周末,大批沙特阿拉伯人就会驱车到巴林度周末,有人甚至只为看一场电影。从沙特阿拉伯到巴林要经过四五个检查站,需要出示车辆通关手续以及人员往返签证,并支付过桥费。从巴林回沙特阿拉伯时,还设有一个专门区域对车辆携带物品进行严格检查。甚至有沙特阿拉伯人将家安在巴林,每天前往沙特阿拉伯上班。在巴林人看来,法赫德国王大桥不仅连接了巴林和沙特阿拉伯,也打开了他们驱车进入约旦、黎巴嫩、叙利亚等海湾国家的边界。

法赫德国王大桥,这座如天边长虹般的跨海大桥在区域建设中发挥其无法取代的重要作用,成为互联互通的"脊梁",从而促进人流、物流、资金流、技术流等创新要素的高效流动和配置,在国家发展大局和区域建设中发挥所长。

法赫德国王大桥(马晓霖摄)

虔诚的精神寄托——"一座清真寺"

即使时间已晚,夜色已深,灯光璀璨的麦纳麦法塔赫大清真寺(Al Fateh Mosque)仍在静静地等待着每一个造访者。相较于白天的游人如织,夜晚的法塔赫大清真寺显得空旷而肃穆。该寺占地面积 6500 平方米,最多能够容纳 7000 多名参拜者。教徒们从早到晚络绎不绝入内祈祷朝拜,这是巴林人习以为常的活动。

麦纳麦法塔赫大清真寺(马晓霖摄)

这座清真寺建造于 1987 年,其最大特色在于祈祷大厅拥有全球最大的玻璃纤维圆顶,重达 60 吨。清真寺内设有宗教研究所、图书馆、宗教基金管理局和古兰经之家等机构。整个建筑皆以最高标准建造,所有大理石地板都来自意大利,木制大门来自印度,祷告厅的地毯都是苏格兰出产的。清真寺的细节也体现了伊斯兰教的宗教特色,寺内外墙上镶嵌有古兰经经文和伊斯兰教不同时代的图案。站在大厅中央仰望头上的巨大圆顶,精致的大吊灯和周边环绕的球形小吊灯与圆顶的图案巧妙地构成一幅美丽的画面。除了中央的吊灯外，殿堂内的其他地方也挂有超过千盏的圆形小吊灯，使得光线能够照耀到清真寺的每个角落，照耀到每一个虔诚祷告的穆斯林信徒身上。在深沉的黑夜里，整座清真寺显得神圣而瑰丽。

今天的巴林赋予了伊斯兰教独特的时代气息与现代内涵，在法塔赫大清真寺柔和的灯光下，人们身着白色的长袍，虔诚地祈祷，而在清真寺外，科技与商业文明的霓虹灯下，人们亦自如地生活着。

历史的喃喃低语——"一座城堡"

距离麦纳麦不远的卡拉特海滨，巴林城堡雄踞在这里，与汹涌的海浪声交相呼应着。巴林城堡，又叫卡拉特城堡（Qal'at al-Bahrain），该城堡由波兰人与葡萄牙人建于14世纪，后又进行扩建。巴林城堡博物馆于2008年2月对外开放，展出的出土文物最早的距今4000多年。站在城堡的台地上向北望去，仿佛可以感受到葡萄牙著名诗人卡蒙斯（Luís Vaz de Camões）为罗卡角（Cabo da Roca）所写的那句诗："陆止于此，海始于斯（Here land ends and the sea begins）。"在此意境中，一块块珊瑚礁石，似乎仍在述说着逝去的时光。

巴林城堡坐落在低矮的人造山丘上，面北朝向大海，是座土石结构的防御工事，土黄色的城墙显得格外古朴。穿过城门进入堡内，如同回到古代的要塞，城墙、垛口、瞭望台、营房、马厩一应俱全，只是风格与中国的有很大不同。瞭望台上的圆顶、伊斯兰风格的拱门，无不透着阿拉伯式的风格。当地工作人员介绍，城堡曾见证过多场激烈的战斗，在巴林人阻挡外来掠夺者的战斗中发挥过重要作用。历史上，巴林这个小岛国由于地理位置重要,曾多次遭受入侵,直到1971年才摆脱英国控制,完全独立。如今手持弯刀的士兵已经远去,五湖四海的游客络绎不绝。

巴林城堡(Jane摄)

这个城堡遗址共有7层,涵盖了7种不同的文明,来自不同时代占领这个地区的国家,包括巴比伦、希腊、波斯、葡萄牙等,其中最早的便是一个失落的古文明——迪尔蒙文明(Dilmun Civilization)。经过考古学家的挖掘、考证,此区正是公元前2300年迪尔蒙文明时期的首都所在地。古堡只是整个遗址的一部分,它的旁边是一片考古发掘区。与古堡的军事用途不同,发掘区主要是当时的住宅区和商业、宗教场所,在历史上,巴林就是海湾地区重要的商业贸易中心。2005年,巴林城堡被联合国教科文组织列为世界文化遗产。

在城堡上眺望,古代文明与现代商业社会在沙漠和城市的边缘默默对视着,历史的沧桑随浅湾退潮的海水静静流淌,海湾与近邻的现代城市,交汇出古今相融的画面。

勤劳的采珠人——巴林的采珠业遗址

巴林于 2012 年 6 月 30 日新增一项世界文化遗产,即"采珠业——岛屿经济的见证",主要包括穆哈拉格市的 17 座建筑(包括富商的住所、商店、仓库和 1 座清真寺)、3 个海上珍珠蚌繁殖场、部分海岸地带及穆哈拉格岛南端的卡拉布马希尔要塞(Qal'at Bu Mahir)——过去采珠人的船就是从这里出发前往珍珠蚌繁殖场的。巴林的采珠业遗址是世界上保护最完整的采珠业遗址,非常值得一去。

阿拉伯湾近海众多的珊瑚礁以及宽阔的浅滩,是珍珠蚌生长和繁殖的良好场所,因此,沿岸国家都有着悠久的采珠历史,其自古就有"珍珠海岸"的美名。巴林是世界著名的珍珠产地,由于当地气候和土壤不适合农业生产,当地居民只能以捕鱼、采珠来换取粮食和生活用品,采珠业已有近 2000 年的历史,自古以来就是巴林人赖以谋生的手段之一。

从前,每逢夏季来临,巴林沿岸的采珠人就要登上木船扬帆出海。旧时采集珍珠的装备非常原始,采珠人要用木夹夹住鼻孔,手持一把尖刀,抓着绳索潜入水底,在水下十几米的密密匝匝的珊瑚礁中艰难地搜寻珍珠蚌。这种原始的采珠方法极大地损害着采珠人的身体健康,很多人因长年采珠而患有各种疾病,每一颗珍珠都渗着采珠人的血泪。每当他们又一次出海采珠时,妇女和孩子都要去为他们送行,海边会响起一片哭声和歌声。

21 世纪初,海湾出产的珍珠占全世界珍珠产量的一半,约有 8 万多渔民从事采珠业。巴林成为当时的世界珍珠贸易中心,出产的珍珠备受欧洲和东南亚国家的青睐。

巴林采珠业是采珠业文化传统的代表以及阿拉伯海湾一

度最主要的经济活动,巴林采珠业遗产地是此类遗产中最后一个保护完整的遗址。这也是海洋资源的利用传统以及人类与环境互动的一个出色例证,并以此构成了这一岛屿社会的经济与文化特征。

旅游业是社会经济发展的产物,与人类社会的进步和生产力水平的提高有着密切的联系。只有当这个国家的社会、经济、文化发展到一定水平,整个社会系统才具备支撑旅游业发展的物质基础,社会成员才能具备足够的支付能力来满足旅游消费的需求。

作为古埃及文明、古巴比伦文明的发祥地,犹太教、基督教和伊斯兰教三大宗教的诞生地,以及东西方文明的交汇处,中东国家在世界旅游史中占有重要地位。丰富的文化遗产、独特的人文资源和自然资源是中东发展旅游业的基础。从古老的"3S"(Sea——大海,Sun——阳光,Sand——沙滩)到风靡全球的"3N"(Nature——自然,Native——本土,Nostalgic——怀旧)旅游资源,中东地区独具特色和魅力。在联合国教科文组织世界遗产名录中,中东地区拥有99项世界遗产。中东地区所拥有的文化遗产数量之巨、种类之多值得赞叹。

优越的地理位置为旅游业的发展提供了客源条件。旅游是一种高层次的消费行为,社会经济越发达,旅游的条件就越充分。因此,国际旅游首先在经济发达的国家和地区得到较快的发展。同时,中东产油国在经济方面的高收入、生活方面的高消费也推动中东出境旅游的迅猛发展。出国家庭游、度假游和购物游一直是中东旅游者的主要消费方式。

明确的政策导向推动旅游业的迅猛发展。在中东各国旅游业发展中,政府起到了非常大的导向作用。世界旅游与旅行理事会(WTTC)总裁让·克劳德·鲍姆加腾(Jean-Claude

Baumgarten)曾经说:"很多中东国家都认识到旅游业对经济和就业所具有的重大作用,并开始把旅游业列为国家经济战略重点。"阿拉伯国家的旅游业已经或开始成为国民经济的支柱产业,各国纷纷出台各项政策,加大投入,促进旅游业发展。巴林除了有丰富的文物古迹和独特的民族风情外,海滨度假和沙漠生态旅游资源也十分丰富。地中海沿岸国家作为中东旅游业发展的重点地区,已经具备集以休闲度假为主的新兴旅游目的地和旅游度假区、方便快捷的旅游交通系统和体系完整的旅游饭店设施为一体的旅游配套设施。

为了整合旅游资源,培育开发新的旅游目的地,近年来,在经济全球化趋势的推动下,中东国家都实行了程度不同的经济改革。巴林的新任领导人一上台,就为吸引外部投资、促进合作、扩大出口、推动经济发展制定了许多政策措施。旅游经济是国家经济的重要组成部分,旅游外汇收入是国家外汇收入的重要来源,无论是传统旅游目的地国家,还是新兴旅游目的地国家,近年来都在巩固传统的文化古迹旅游和观光旅游等项目的基础上,大力进行资源整合。

总之,尽管受到恐怖主义、自然灾害、石油价格起伏和其他政治经济不稳定因素等的影响,巴林旅游业发展艰难曲折,但依然在困境中崛起,表现出强大的生命力,取得了显著的发展。巴林人善于用形象来塑造国家和民族的精神,他们尊重生命与自然,在传统的礼拜钟声下不断向未来迈进。一棵树、一口井、一座桥、一座寺、一座城堡、一个产业,已然成为巴林人的向往、追求和精神价值的象征,带给他们无限的勇气。

随着巴林区域经济一体化和旅游业的发展,尤其是区域内社会经济的发展,人们的物质生活水平不断提高,对生活意义的认识也越来越深刻,区域内跨境旅游人数迅速增长,再加上区域内交通旅游设施的便利,旅游已成为中东人的一种生活享受。旅游是人类社会发展的基本需要之一,尽管人们的文化背景、宗教信仰、种族和肤色不同,但追求身心愉悦、审美享受的天性是相同的。相信在不久的将来,巴林旅游业能走上健康发展的坦途。

筑牢社会稳定的基石

社会公平是人类社会永恒的理想追求和价值目标,有利于社会的发展和进步。社会公平能够为其社会成员的生存和发展提供保障。对社会公平的追求有利于塑造良好的政府形象。行政组织的成员、组织机构、组织目标、组织工作方式和组织工作结果都影响到政府在公众心目中的形象。社会公平是维护社会稳定的基石,能够为国家的经济建设和发展创造良好的内部环境。巴林王国自建国起便在尽力追求将理想化的社会公平实际化,王国根据不同的人口类型特点制定了不同的政策,旨在减少国内的不平等现象。

巴林王国为了强调个人自由、公民平等、正义和机会均等,通过了以下立法:《2006年第(7)号法律》批准了《阿拉伯人权宪章》,《宪章》中规定"使阿拉伯国家的新一代对文明社会中的自由和负责任的生活有所准备,这样的文明社会以团结为特点,构建在权利意识和尊重义务的平衡之上,并且为平等、宽容和谦虚所约束";《2007年第(10)号法律》批准巴林王国政府加入《经济、社会和文化权利国际公约》;《2009年第(58)号法律》修订了关于老年人权利的执行条例,其中包括实施和建设确保老年人生活改善所需照顾的方案和养老院融入社会等条例;劳工和社会发展部《2021年第(13)号决定》修改了《2017年第(36)号决议》第1条第(1)项,改组家庭托儿所委员会;《2021年第(4)号法律》通过《儿童教养法》,保护青少年和儿童使他们免受虐待。至于对于有特殊需要的人,已经颁布了若干有关身体障碍者的法律和官方决议,确保政府承诺支持和赋予他们权利,使他们能够过上体面的生活,不受任何歧视。

　　为了在信仰、表达和出版自由领域形成平等的氛围,巴林王国于2002年通过《关于新闻、印刷和出版管理的第47号法令》,2005年通过《关于政治协会的第26号法律》,《2006年第(32)号法律》修订了1973年《第18号法令》关于公开会议、游行和集会的一些规定,保障信仰自由,使每个公民都有权以任何合法的方式表达意见,使出版和印刷自由在法律规定的范围内得到保障。

　　而在实现教育公平和性别平等方面,巴林王国也付出了持久不懈的努力。直到20世纪初,海湾地区都没有完成构建类似现代中东国家体系的民族国家。巴林王国地处海湾的边缘地区,经济没有发达起来之前,教育事业也止步不前,当时的巴林的唯一教育渠道是地方的“母阿里穆”(Muallem意为老师所在的地方)。该学校就是为让儿童和青年人集中朗诵学习伊斯兰教的《古兰经》而建立的,主要目的是让学生了解阿拉伯—伊斯兰文化的底蕴。第二次世界大战后,巴林由于当时是英国的殖民地,不可避免地受到了西方文艺复兴后期思潮的影响,文艺复兴主张尊重自然和人权,主张个性的自由发展,将至高无上的神权与人权进行了分离,由此,巴林的社会和政治体系发生了深刻的变化,该变化孕育了新的文化教育意识。于是,教育制度改革的需求在巴林产生了,改变原来的课程和教育目标及朗诵《古兰经》的传统宗教学校类型成为当务之急。

　　以普及和完善教育种类、提高教学水平为教育宗旨,1919年,巴林政府在穆哈拉格市建立了第一所男子正规学校“河达雅男生学校”。9年以后,巴林首都麦纳麦成立了第二所男生学校和第一所女生学校,巴林也由此成为阿拉伯海湾地区第一个拥有女子学校的国家,女孩子们拥有了入学接受教育的权利。保健科学学院和巴林大学分别在1976年和1986年成立,这两所大学之后成为巴林人接受高等教育的高等学府。教育无疑是推动一个国家与民族崛起的重要元素之一,巴林政府逐渐意识到教育在现代化进程中潜在的深刻意义,意识到受教育是公民的基本权利,是实现国家发展与进步的必要条件。

课堂是公平而有质量的教育的着力点。如今,巴林王国的教育质量与普及程度已经取得了很大的进步,表现在教育内容的拓展与丰富、教育体制的改革与创新、基础教育的普及与深化、教育质量的优化与提升等方面。

巴林采用"六三三"的教育制度,该制度由9年基础教育和3年高级教育组成。其中,基础教育包括6年初级教育和3年中级教育,加上3年高级教育(由不同专业组成),一共12年。巴林的初级和中级教育是九年一贯制的,6—14岁的儿童接受义务教育,可以通过政府或私立学校入学。国家确保向所有愿意学习的人提供教育。

巴林的公共教育体系是一个全民免费的、开放的系统,为所有学生提供免费教育,校服费、交通费、书本费及餐费都由政府拨款出资。除了加大对公立学校的支持力度,巴林也鼓励私营企业与政府合作,希望私企以提供资助、设立奖学金等方式帮助王国发展教育。在巴林王国,15—25岁青年受教育率达99%,巴林已然成为中东海湾地区受教育程度较高的国家。

进入21世纪后,巴林的高等教育在促进经济增长、国内外投资和科技创新方面发挥着核心作用,为巴林应对未来的挑战提供强有力的人才支持。巴林在教育上的支出位居服务业之首,占到服务业总支出的50%左右。巴林政府通过提高奖学金额度来支持学生接受高等教育,以支持他们未来的职业发展。巴林政府规定教育面前人人平等,巴林教育部十分重视发展教育以及提高教育质量对社会培养人才的实在意义,因此坚持为适龄受教育者提供免费教育,在民众中广泛而深入地宣传教育的重要意义,鼓励公民送子女上学,重视公民子女的教育。

2008年,在北京奥运会上,一位身穿长裤长衫、裹着头巾的阿拉伯女孩站在了赛道的起跑线上,此举立刻引发了全世界的惊讶和赞叹。巾帼不让须眉,这位勇于在国际赛场展现自己光芒的阿拉伯女性正是来自巴林的姑娘——罗卡娅(Ruqaya Alghasra),这是巴林王国的女性运动员首次出现在奥运会的赛场上。毫无疑问,当罗卡娅在奥林匹克的赛场上奋力奔跑之时,就已经成功地为巴林王国妇女同胞赢得了荣誉和希望。

巴林女性社会地位的提升和她们在社会事务中参与度逐渐上升的趋势,有着深刻的社会背景。首先,中东地区的石油产业急速推动经济发展,而经济发展促进社会变革,巴林固有的社会结构、亲缘关系、价值观念产生更新,逐渐打破了以血缘为纽带的家族关系。其次,巴林的人口现状与性别比例,决定了妇女参加社会经济发展事业的必要性和紧迫性。教育覆盖面的不断延展和媒体宣传的日臻完善也起到了催化剂的作用,越来越多的妇女开始选择搁置全职主妇的身份,踏入社会,进入职场,新闻报道也日益将关注点转向妇女问题和女性消费观念等话题,巴林妇女在社会发展中发挥作用的领域日益广阔。

传统的巴林妇女与其他海湾国家的妇女一样,她们虔诚地遵守伊斯兰教的教义,大多数女性在生活中比较低调,很少抛头露面,大部分时间在家中管理家务,养育儿女,遵从丈夫和长辈的意愿,履行其做妻子和母亲的职责。即使外出,也是黑袍缠身,黑纱蒙面。现在,走进巴林王国之后,却能够在各种场合惊讶地发现,越来越多的巴林妇女已经走出家门,走上社会,特别是王室和大家族的妇女,她们受过良好的高等教育,不仅思想开放,在国有机构或私营企业任职,甚至在着装上也发生着很大的变化,经常能看到她们脱掉黑袍,以现代时装出入社交场合的情景。她们谈吐自然大方,很多人都能用一口流利的英语与外国人交流。

巴林女性给人的感受已经不同于长期以来大家对海湾地区女性的刻板印象,王国的女性对世界的态度是积极开放的,年轻一代的女性尤其独立自主。虽然在一些正式严肃的场合,女性出于对宗教的虔诚与尊重仍坚持穿阿巴雅(Abaya,"阿巴雅"是阿联酋、卡塔尔、科威特和其他海湾国家女性的正式服装,从头到脚一身黑色,把全身裹得严严实实,一直拖到脚后跟。有的甚至将整个身体遮上黑纱,只露出两只眼睛),但除此之外,巴林的女性已经形成"可以选择衣服"的自主意识。按照伊斯兰教的宗教传统,女人应该把头发和身体遮盖起来,不让男人看见。但是现在,阿巴雅更多地作为一种宗教和民族文化的标识存在于女性的众多着装选择中,而不是传统意义上的强制性服装要求。

在巴林王国开展女性权益的保护方面,有一个人功不可没,那就是王后赛碧凯·宾特·易卜拉欣·阿勒哈利法(Princess Sabeeka bint Ibrahim Al-Khalifa)。她于 1948 年出生于穆哈拉克省、其祖父穆罕默德·本·伊萨·阿里·阿勒哈利法的宫中。其母法蒂玛为巴林统治者萨勒曼·本·哈马德·阿勒哈利法之长女。赛碧凯在其外公位于里法的王宫中长大,有 3 个兄弟和 4 个姐妹。她在巴林接受初等教育,并到英国进修专科,精通阿拉伯语、英语和法语,积极倡导保护巴林古建筑的特征,对环保有独特的见解,重视返璞归真的生活和环境,重视绿化,喜欢花草树木,对阿拉伯马情有独钟,对阿拉伯马的历史和珍稀品种颇有研究。1968年,她与当时的王储、现国王哈马德结婚,生有3个儿子和1个女儿。赛碧凯一直积极参与巴林的重要社会活动,倡导提高巴林低收入和特需家庭生活水平,并为此发挥了重要作用。赛碧凯重视妇女的社会地位与作用,鼓励她们学习掌握、恢复和发展巴林传统手工业技能,参加增加家庭收入的发展项目,还特别关心与青少年有关的问题。她作为皇室第一夫人,享有尊贵的地位,但始终作为巴林妇女工作的先驱和领导者,投身于艰巨、辛苦的妇女进步事业,致力于提高巴林妇女文化水平及其社会责任感,因此赛碧凯王后在广大妇女中享有崇高的地位。

2001年,哈马德国王颁令成立妇女最高委员会,赛碧凯王后出任该委员会主席。该委员会是巴林妇女最高官方机构,全权负责妇女问题,负责制定提高妇女在各个领域地位的总规划与政策。赛碧凯还兼任多个行业和慈善组织的名誉主席,十分关心诸多妇女协会的工作和计划,并在妇女和家庭领域开辟妇女最高委员会与民政机构之间合作的途径。赛碧凯重视并关心文学艺术学校的发展,曾出席阿拉伯妇女最高会议和联合国第二十七届儿童特别会议,还曾于2002年9月10日—20日访华,参观了北京、上海两地,被中华女子学院授予社会学荣誉教授。

在赛碧凯王后的倡议下,自2008年起,巴林王国将每年的12月1日定为"巴林妇女节",巴林妇女开始有了属于自己的节日。2010年的巴林妇女节,巴林最高妇女委员会召开巴林妇女节纪念会议,赛碧凯王后向长期在妇女工作中发挥重大作用的志愿者们授奖,以表彰她们对妇女工作以及为促进巴林经济和社会进步与发展做出的努力和贡献,志愿者们还受到了哈马德国王的接见。巴林的妇女组织最早起源于巴林青年妇女协会，这是巴林首家妇女协会，成立于1955年。赛碧凯王后在纪念仪式上发表演讲："国家的繁荣就是妇女工作的目标，老一代妇女工作者为之奋斗了半个世纪，她们应将这一工作传承给她们的女儿，鼓励新一代妇女工作者继承老一代人的事业，继续为巴林王国的发展做贡献。"赛碧凯王后强调，第一位妇女工作者就是老埃米尔伊萨的夫人埃萨，她是妇女工作志愿者的先锋，今日的年轻志愿者要追随她的足迹，为全国的妇女服务，为所有的家庭服务，为全社会服务，为国家的发展与进步服务。赛碧凯王后还为已经战斗在妇女工作一线的15—35岁的年轻志愿者颁奖。在此之际，全国妇女最高委员会还与银行合作，向妇女发展计划提供100万第纳尔的救助资金，用于支持女企业家小型企业的发展与壮大。该计划将使400名巴林中小型企业的女企业家获得200—5000第纳尔的资金，用于建立新的公司或扩建现有企业。银行不仅向她们提供资金，还负责指导她们如何合理有效地使用，并为其他企业树立样板。

2021年巴林妇女节恰逢王国庆祝《民族宪章》颁布20周年，最高妇女委员会在纪念这一时刻的声明中说，巴林妇女在国家建设进程中有着无可替代的贡献，她们相信在未来，巴林王国在保障公民权利、男女平等基础上能与其他现代文明国家有齐头并进的进展。

巴林的妇女和儿童救助中心也是一个非常活跃的民间慈善机构。该机构长年通过组织慈善活动，救助那些需要帮助的妇女和家庭。该机构每年都要组织一次由各国驻巴使节夫人参加的义卖活动，将所获资金用于赞助那些需要帮助的妇女和儿童以及他们的家庭。

巴林王国《宪法》第十八条规定，公民在人的尊严上是平等的,法律面前,公民在公共权利和义务上是平等的。他们之间不得有基于性别、出身、语言、宗教或信仰的歧视。巴林还于2002年6月18日加入了联合国为消除对妇女的歧视、争取性别平等制定的一份重要国际人权条约——《消除对妇女一切形式歧视公约》(The Convention on the Elimination of All Forms of Discrimination Against Women,CEDAW),表示只要在不违反伊斯兰教法的情况下,法律会维护、执行这些规定。

妇女的政治权利一直是哈马德国王发起的政治改革的基石,2002年宪法修正案首次赋予妇女在全国选举中投票和参选的权利,巴林政府在扩大平等政治权利的同时,也在自觉地推动妇女在政府中担任权威职位的进程。

自巴林独立以来,妇女的政治社会地位有着可喜的变化,她们积极参与国家的社会进步、政治改革、经济建设、文化发展、慈善事业等方面的活动。她们当中在政府内阁中任职的有文化大臣谢赫梅、社会发展大臣法蒂玛;在协商会议中,40名议员中有10名为女性议员,在众议院中也有不少女性议员的身影。她们参政议政,积极为国家发展献计献策,从女性、家庭和社会的角度提出自己的看法。

女企业家协会是为巴林女性商人成立的组织,希望在国家的扶持下,女企业家的企业能更顺利地在市场上立住脚跟,进而成为国家经济建设中不可或缺的力量。在一些特殊机构,如幼儿园、学校、医院、慈善机构、手工艺中心等,女性职员更是占有很高的比例。一些受过高等教育或在西方留学回国的女性,在巴林的职场上也如同闪闪发光的金子,进入高级管理人员的行列,在金融机构、国家重要企业,都能看到她们的存在和发挥作用的身影。

事实证明,消除女性创业的传统高壁垒能够使整个国民经济受益。相关机构预测,仅提升女性就业率一项就可以为中东地区的国内生产总值贡献高达 6000 亿美元的增长。已经得到证明的是,对女性企业的每一美元资金投入都能够获得双倍的收益。中东地区的所有人都能因女性企业家的茁壮成长获益。联合国教科文组织的数据显示,整个中东地区女性的受教育程度较以往有所提升,女性从事科学研究的比例也在不断提高,女性在理工学科、农业学科毕业生中占 34%—57%。但与此同时,保守的价值观还是在一定程度上阻碍了教育经历转化为劳动力。无论出于个人选择还是受到来自文化、社会或家庭的压力,许多女性依旧按传统习俗长期居家。但是现如今,互联网等新技术使得女性能够更有效地利用好居家时间,巴林女性无须离开她们的住所,就可以运营时尚美容品牌、提供社交媒体服务、开展软件开发业务以及经纪业务。

在 21 世纪经济发展的新浪潮里,巴林希望赋予女性更多领导与创新的能力,推动新兴工业成为经济增长点,同时为下一代做出强有力的示范。国际货币基金组织(IMF)将这一举措形容为"巴林改革进程的重要一步"。巴林希望通过一系列的改革措施,辅以投资环境的优化,进一步实现多元化经济转型。在优化营商环境的同时,巴林也在推动女性创业,激发巴林女性在各领域的潜力。

2008 年 10 月,哈马德·本·伊萨·阿勒哈利法国王提出了《2030 年经济愿景》(Economic Vision 2030),这是巴林的全面经济愿景,为王国的持续发展提供了明确的方向,其核心是为每一个巴林人建设更美好生活。在《2030 年经济愿景》启动之前,国王与公共和私营部门,包括政府机构和组织以及国际咨询机构的一些意见领袖们进行了长达 4 年的广泛讨论,体现了可持续性、竞争力和公平性三大核心指导思想和发展理念。

　　在公平性方面,巴林王国的确切愿景是:该国未来的经济发展将更广泛地影响社会,创造广泛的繁荣基础。每个人都有机会可以为社会做出有价值的贡献。为了促进公平,公共和私营部门进行的所有交易都必须是透明的。自由和公平竞争应占据上风,无论涉及就业、公开拍卖土地还是招标结果,私人和公共活动应公开进行。巴林政府的作用是提供法律和监管框架,确保保护消费者,公平对待企业家,包括外国投资者和女性企业家。社会公平意味着,根据国际人权,所有人都受到法律的平等对待,人人享有平等的服务,能看到法律得到公正执行,并能够通过适当的工作培训和有针对性的社会安全网为贫困者提供资助。

　　在纽约联合国总部召开的第六十三届联合国妇女地位委员会上公布的数据显示,巴林已经在企业所有权方面实现了性别平等。该国商业注册登记的企业中,49%的企业由女性拥有。

　　巴林王国为女性创业者制订了一整套行动方案,在政策、低成本的基础设施、启动资金和人脉关系各方面提供协助。在《2030年经济愿景》中,巴林将女性需求纳入国家战略,包含在政府行动计划中。经过与国际货币基金组织就制订性别预算的讨论,女性需求通过国家预算也得以体现。同时巴林也在积极推动政府部门与私营部门之间的合作,如建立价值1亿美元的"巴林女性发展组合基金"(Bahrain Women Development Portfolio Fund),旨在为心怀抱负的女性企业家提供财政支持、培训和建议,帮助她们启动自己的商业项目。巴林政府表示,社会愿意在发展和建立人脉关系方面对女性予以支持。

　　在互联网飞速发展的今天,科技正推动着中东女性崛起,使得她们正在摆脱文化约束、减轻安全困扰,并节约了她们在诸如交通出行与照顾子女方面的成本,女性企业家正在中东地区不断成长。2022年公布的数据显示,在世界竞争力方面,巴林女性数字技能培训和STEM教育计划排名第一(《经济学人影响力和Meta——包容性互联网指数2022》),拥有学位的女性人数排名第三,熟练工人数排名第五,金融技能排名第七(《IMD世界竞争力年鉴2022》)。女性正描绘着海湾地区充满挑战与机遇的未来,世界将见证她们创造伟大价值。

当然,阿拉伯地区要实现完全意义上的男女平等还需要一个漫长的过程,但随着社会经济和信息技术的进一步发展,妇女的发展是不可抗拒的历史潮流。可以说,信息社会是智力、知识经济的社会,是一个女性解放、女性自由发展的社会,尤其是信息社会提供的物质条件和高智能工作手段,使男性和女性在社会职业上的劳作条件趋于等同,女性得以最大限度地在社会中展示才华。

现如今,在巴林国内各行各业乃至国际舞台,时时处处都闪现着巴林妇女靓丽的身影,她们在为推动社会发展、国民经济建设和人类文明进步的事业中,凝聚妇女力量,彰显巾帼风采,成为创造人类文明和推动社会进步的一支伟大力量。

文人墨香

巴林文学自产生以来已有相当长的历史,但对于在伊斯兰教产生以前的文学,专家们尚未做过详尽的研究,原因是在东阿拉伯众多的诗人中,很难清晰地断定谁能够被称作是巴林文学的代表。

13—18世纪,刚萌芽的巴林文学并没有肥沃的发展土壤,特别是16世纪初,巴林沦为奥斯曼帝国的行省后,文学体系也染上了奥斯曼帝国集权政治的色彩,文学的表现形态主要以宫廷文学为基础,展现宫廷生活的丰富内涵,而传统的巴林文学内容极为乏味,本土文学几乎遭遇一场浩劫。

19世纪,巴林赶走了外族统治者,国家进入复兴时期,文学也有相当的发展。诗人、作家的创作活动活跃,各流派相互争鸣、气氛热烈。

19世纪末到20世纪初,巴林形成了两大文学派别,一是古典主义派,主张恢复阿拉伯的古典的创作传统,大多数作家受埃及、叙利亚和黎巴嫩的文学思潮影响,代表人物是谢赫·易卜拉欣·本·伊萨·阿勒哈利法(1850—1930年)、穆罕默德·本·伊萨·阿勒哈利法(?—1963年)。这两位诗人都为后人留下了大量的诗歌,特别是易卜拉欣,在巴林文学界所起的作用堪与埃及诗人、启蒙者穆罕默德·萨米·巴鲁迪(1839—1904年)相媲美。20世纪初,古典主义派组织了阿拉伯古典主义崇拜者团体,他们的创作形式非常丰富,且作品大多带有悲观主义情调。

另一派是非古典主义派，主张利用古典作品的传统描写手法，但须反映新的内容与新的思潮。非古典主义派代表的是巴林新兴的资产阶级的要求，此派的作品为他们的政治和经济变革做了许多舆论准备，在作品中，他们对封建制度、殖民统治以及其他形形色色的陈规陋习痛加抨击。他们的主张顺应当时历史发展的趋势，因此也得到社会各界的支持。非古典主义派的代表人物有阿卜杜拉·扎耶德、阿卜杜·拉赫曼·马阿乌德等。其中阿卜杜拉·扎耶德所做的贡献最为突出。1920年，经他倡议，巴林成立了文学俱乐部，这便是后来巴林的"作家与文学家之家"的前身。文学俱乐部不但为巴林的作家们提供了思想交流碰撞的场所，而且培养了一大批热衷创作的青年。1939年，阿卜杜拉·扎耶德经过多方争取，终于得到地方当局的同意，创办了文学报《巴林》，这是巴林当地的第一份报纸。起初，该报只刊登文学评论、动态与作品，后来，报纸新增了政治专栏，报道国内外新闻，深受群众欢迎。1945年，阿卜杜拉·扎耶德逝世后，该报继续发行了一段时期，直至第二次世界大战结束，政府整肃新闻媒体，《巴林》文学报因此被当局勒令停刊。扎耶德在20世纪上半期所达成的作用与贡献，是巴林其他的文学家、作家无法比拟的。

由此可以发现，19世纪末到20世纪初，巴林文学各种思潮争鸣荟萃，其中古典主义与非古典主义流派极为出彩，诗人和作家创作活跃，文学史上出现了"唇枪舌剑"的生动局面。各类文学名家辈出，成就了巴林文学团体与文学报刊的出现，文学创作发展走向组织化、制度化。非古典主义派在同古典主义派的激烈论战中，不断补充和丰富自己的描写手法，其影响日益深远。第一次世界大战期间，它是资产阶级自由思想的代表。第二次世界大战爆发前，这一派已经提出"为生活而创作"的口号,把文学与社会生活紧密联系在一起。第二次世界大战后,他们提出了文学创作中的"现实主义与人民性"的问题。当时,世界上民族群众运动高涨,现实主义文学在巴林发展很快,到20世纪五六十年代,它已经在巴林文学中占据主导地位。巴林文学表现出现实性、实践性与灵活性的特点,文学与社会生活紧密联系在一起,散发出生命力与人情味。

20世纪中后期,现实主义文学在巴林发展很快,并占据主导地位。该派作家有易卜拉欣·阿列里德(1908—2002年)、卡西姆·哈达德(1948年至今)等。易卜拉欣·阿列里德发表的诗集有《未婚妻》《蜡烛》《两次接吻》等。长诗《牺牲英雄们的土地》真实地描绘了巴勒斯坦地区的阿拉伯民族主义运动。他的作品被译成多种语言,先后在英国、美国和其他西方国家出版。此外,他还在1958年编辑了阿拉伯国家的《当代诗选》。20世纪50年代末,他发表文艺评论《论现代诗歌》,详细论述了阿拉伯国家120位大诗人的创作风格。该时期的巴林诗歌或用法文创作,或用阿拉伯文创作。风格多样、情感细腻而丰富的诗歌成为这个时期主流的文学形式。卡西姆·哈达德的诗集《好消息》(1970)、《叛城来的侯赛因之头不知去向》(1972)、《他人的血》(1980)等作品反映了巴林社会诸多政治、经济问题,揭露了社会生活中的不平等现象和统治者的暴行。著名诗人阿卜杜·哈米德·卡义德著有诗集《酷恋》(1980),其作品充满悲观失望的情调。阿利亚维·哈舍米著有《悲伤从何处来》(1972)等诗集,反映穆斯林妇女低下的社会地位,对受侮辱、受欺凌的妇女深表同情,具有浓厚的抒情色彩。20世纪60年代初,青年作家哈拉夫·艾哈迈德·哈拉夫提出,文学创作应面向生活,面向社会现实,提倡用现实主义手法进行创作。穆罕默德·阿卜杜勒·马立克是现实主义奠基人之一。1972年,他发表了短篇小说集

《一个汽车司机之死》,该小说集以文风清爽、内容丰富而饮誉文坛。

长期以来,巴林都没有作家们自己的一个组织。随着巴林解放运动的高涨,20世纪60年代中期作家们曾计划筹建作家协会。1969年9月,终于在巴林成立了第一个作家组织——"作家与文学家之家",1970年该组织成员有28人,1971年增加到33人。这个组织在争取创作自由、创作新文学的斗争中起了重要的领导作用。该组织重视与人民建立紧密的联系,经常组织文艺晚会、讨论会,总结创作经验,在极其困难的条件下,坚持为青年作家提供发表作品的机会,并注意培养文学爱好者。在该组织的影响下,巴林的艺术爱好者团体从1967年的13个发展到1974年的20个。1971年巴林宣布独立,该组织和阿拉伯国家建立了联系,成为阿拉伯国家文学家总联合会和亚非作家协会成员,并常派代表出席区域性或世界性的作家代表大会。巴林过去没有文学杂志,1970年巴林"作家与文学家之家"决定出版该组织的机关刊物,但遭到当局禁止。直到1982年,"作家与文学家之家"才实现夙愿,在首都麦纳麦出版了新闻通讯报《卡里马特》,在该刊上发表了巴林文学家创作的小说、诗歌、散文和其他评论文章。

巴林王国是诗歌的民族——阿拉伯民族的一部分,诗歌也体现了巴林文化的精髓,使巴林成为诗歌的王国。诗歌一直以其传统的风格在巴林继续着自己的存在,直到当代新诗歌运动在巴林出现。

作为新诗歌运动的主体,许多年轻人积极进行诗歌创作的尝试。他们的尝试有着丰富的人文内容和良好的诗歌表现力,其中一部分诗歌达到了相当高的创作水平。这个运动的苗头出现在20世纪四五十年代,其后的60年代可谓是其深度酝酿

和发酵的时期,为其大步前进做着准备。20世纪五六十年代,
阿拉伯世界乃至全世界的民族民主解放运动呈现了高潮,深受
解放思想、社会改革和政治改革的影响。阿尔及利亚爆发了解
放战争;亚丁和马格里布爆发了独立战争;埃及爆发了反对殖
民者的战争,把苏伊士运河收归国有⋯⋯这一切都使包括巴林
在内的阿拉伯各国从落后的政治和社会的孤立中解放出来。

　　同样,也是在20世纪60年代,阿拉伯国家在1968年第三
次中东战争中的失败,引起了阿拉伯人更多的紧张、焦虑,使一
些人感到灰心丧气,这种对阿拉伯人心灵的巨大打击,影响了
阿拉伯各国的政治、经济和社会生活的方方面面。但这一残酷
的打击,也使阿拉伯人从彷徨中清醒过来,并使思想解放、政治
解放和社会改革的口号以及一切已经失去的意识重返他们心
中。这种巨大的反差和尖锐的矛盾,使20世纪60年代成为阿
拉伯世界文化最精彩的时期,民族的、政治的,甚至感情方面的
梦想直触云端。

　　就是在这个时期,巴林的政治和社会生活有了许多重大发
展,影响了包括诗歌在内的各个方面,使巴林的新诗歌运动获
得了新的思想、新的内容,并在表现形式上获得了新的启迪。
这一运动终于迈出了坚实的步伐,有了清晰的轮廓。

　　由于在诗歌领域的地位和思想能力的差异,这个运动中的
诗人们在对诗歌创作的精通程度、贡献等方面也存在着差异。
但是,由于他们在进行诗歌创作时,均怀着深厚的情感,致力于
真诚有益的实践,因此,总体来说,他们的作品都具有优秀诗歌
的艺术要素。

　　他们的诗歌一个最主要的特点是,内容多围绕着客居异
乡、焦虑、彷徨、希冀、希望的遗失和死亡的愿望,其原因是,他
们都饱受现实生活之苦的折磨,各种压力几乎让他们不能承

受,因此,他们力求解脱,追求完美。其手段就是用强有力的、能够反映现实、对现实进行深刻解析的诗句进行表达。这使得我们面对的是这样一种社会倾向:深深根植于他们心中,并推动他们去触及朴素的、被压制的人们面对的问题和忧虑,进而呼吁解决他们的困难。方法就是真实地、自然地对这一切进行表达。他们期望的是体面的生活、正确的价值观;他们追求的是一个充满正义,没有痛苦、恐惧和欺压的理想的人类社会。

对祖国的热爱、对人道主义原则的坚守,使他们能够体会他人的痛苦和困难。因此,他们有一种共同的集体感情,使他们的诗歌被悲伤的、动人的音韵笼罩。因此,可以说,他们的诗歌是社会诗篇,是人们心中的感觉和他们失去的希望的鲜活体现。他们的诗歌中都有着对读者的强烈呼唤,让读者剖析自己的内心,发现内心潜在的力量,从而努力去改变社会、政治和思想中的现存模式,重新去审视那些阻碍人们前进的僵化的价值观和风俗习惯。但是,他们诗歌的另一方面则是内心的悲伤,感觉到梦想和希望难以实现。因此,他们大量使用了象征性的词语和手法,表达他们的情感、思恋和内心的独白。

应该注意的是,由于受到当今时代优秀文化的影响,这种影响驱使他们在诗歌中更多谈到的是亟待解决的社会问题,使他们的诗歌充满时代气息,可以说,他们是用自己的诗歌参与了自己国家里各种社会问题的解决。在现代新诗歌运动中,许多从前沉浸在自我感情里的诗人开始减少对他们个人世界的讲述,表现出了明显的走向世界的趋向,他们展望未来,同时,开始做好准备、迎接未来。这种趋向使我们看到,这个运动的代表诗人们的作品内容以极强之势集中在社会方面,同时,也保留了巴林诗歌原有的自我之声:风格强烈的抒情诗、哲理诗,描写大自然,表达思乡和思念祖国之情。

　　在格律方面,提倡新诗歌运动的诗人们有相当一部分推崇并使用了自由韵律。同时,还有另外一些诗人仍然坚持阿拉伯古典诗歌稳重的韵律和明显的音乐感。近年来,在巴林出现了许多年轻诗人的声音,特别是"作家与文学家之家"对年轻人的创作尤为重视,积极鼓励年轻人在巴林的报刊上发表他们的诗歌作品。

　　下面,让我们走近这些伟大的诗人。第一位是阿里·艾哈迈德·沙尔加维,他是巴林著名诗人、抒情作家和剧作家,其作品已被翻译成英语、德语、保加利亚语、俄语、库尔德语和法语。1948年出生于麦纳麦,1968年开始出版诗歌,并迅速在阿拉伯报纸和杂志上崭露头角。

　　他曾加入巴林最古老的剧团——阿瓦尔剧团。2002年,他在巴林戏剧创作大赛中荣获最佳剧目奖,并于2001年获得伊萨·本·萨勒曼·阿勒哈利法奖章,2002年获得能力奖章。

　　第二位是卡西姆·哈达德,他是巴林作家联盟主席,他因革命诗歌而崭露头角。他于1948年出生,虽然在巴林的一些学校接受过教育,但是,当时的政治和社会环境却影响了他,使他未能完成大学学业,而是走入社会参加工作。他先后在穆哈拉格和麦纳麦的公共图书馆做职员,后在新闻部文化司任职。他是巴林"作家与文学家之家"的创始成员之一,担任过一些领导职务,是文学界和报业界突出的活跃分子,特别为"作家与文学家之家"的刊物《词语》的编辑工作做出了重要的贡献。哈达德首先以他的诗歌脱颖而出,他的诗歌包含革命和政治主题,如自由。1970年,他的第一本诗集《好兆头》出版,此后有16本书出版,包括《马伊农·莱拉》,一本诗画集,以及一本与沙特阿拉伯摄影师萨利赫·阿扎兹合作的诗集。哈达德也是巴林作家联盟的联合创始人和主席。哈达德的儿子穆罕默德·哈达德

（1975年出生）是巴林著名的作曲家。

第三位是巴林第一位被广泛认可的女诗人——哈姆达·哈米斯，她是一位诗人和自由撰稿人，1946年出生于巴林。1969年，她的第一部作品集《Shayaza》（中文译为《弹片》）出版，从而让她成为第一位进入巴林诗歌界的女性。许多其他巴林女诗人也追随着她，共同创造了巴林繁荣的文学舞台。2013年，哈姆达·哈米斯应邀参加了第23届阿布扎比国际书展，她用诗歌展示阿拉伯湾地区的文学成就。她有9本诗集出版，如《向童年道歉》《爱的幸福》等。她的诗歌也被翻译成英语、德语、西班牙语和法语。她的几首诗被收录在《聚集潮汐：当代阿拉伯海湾诗歌选集》里。哈米斯诗歌的一个共同主题是渴望摆脱对家庭和文字生活的不满和挫折，走向抽象和宇宙。《世界标志文化与日常生活百科全书》将哈姆达·哈米斯和卡西姆·哈达德并称为当代最知名的巴林诗人。它指出，在巴林，"年轻的诗人（如哈米斯和哈达德）已经发展出一种更加西化的风格，在个人和政治主题上写非韵律诗"。

第四位是被誉为巴林最伟大的诗人之一的易卜拉欣·阿列里德（1908年3月8日出生，2002年5月逝世），他的诗歌在阿拉伯世界广受欢迎。他是20世纪巴林文学运动的领袖之一。1922年，他14岁时第一次来到巴林，在那里他开始在该国第一所学校——希达亚哈利法学校接受教育，他于1926年回到孟买，在当地一所学校就读，在那里获得了高中文凭。正是在这所学校，阿列里德学习波斯语和英语，同时学习乌尔都语，并表现出对乌尔都语文学的浓厚兴趣。后来，他在阿里加尔穆斯林大学学习乌尔都语文学。1927年，阿列里德回到巴林，被任命为希达亚哈利法学校的英语教师，他担任这一职务4年。后来，他成为贾法里学校的副校长，但因与英国殖民当局的争端而被迫辞职。之后,他担任国家海关总署的司库。1937年,他升任巴林一家公司翻译部的负责人,但因"二战"爆发而未能持续任职。

从18岁起,阿列里德就开始写诗,他的第一组诗于1931年在巴格达出版。由于他是一个多语种学家,他翻译了波斯语、印地语、乌尔都语、英语和阿拉伯语诗人的作品。他的诗歌在伊拉克、叙利亚和埃及广受欢迎,贝鲁特美国大学要求他讲授阿拉伯文学,他同意了。他被巴林政府授予伊萨·本·萨勒曼·阿勒哈利法一等勋章。他也是著名的改革者,创办了一所学校,并被伊萨·本·萨勒曼·阿勒哈利法任命为宪法委员会主席,在20世纪70年代初巴林脱离英国独立前负责制定巴林宪法。

2006年,他位于首都麦纳麦古代比亚的老房子变成了文化中心——易卜拉欣·阿列里德诗歌之家,对游客开放,成为诗人的聚会场所。2008年,联合国教科文组织在法国巴黎总部为阿列里德举行了纪念展览。

经济多元化的探索与成就

　　巴林是一个位于阿拉伯湾西南部、阿拉伯半岛东北部的多岛屿国家。石油和天然气是巴林最重要的自然资源,油气产业是巴林经济的战略支柱。巴林已探明石油储量1.246亿桶,日产量为20万桶,位列世界石油生产国第66位。石油天然气产业也是巴林政府最主要的收入来源,对巴林财政贡献率达76%,产值约占国内生产总值的17.7%。目前主要有巴林石油公司(Bahrain Petroleum Company)、塔特维尔石油公司(Tatweer Petroleum Company)和巴林国家天然气公司(Bahrain National Gas Company)等大型企业。

　　早在发现石油之前,巴林就因其优越的地理位置而拥有独特的商业贸易地位与军事价值。随着1932年石油的成功开采,巴林逐渐步入石油经济时代,石油工业得到发展,石油收入在政府财政中的比重逐步增长,石油产业成为巴林经济发展的支柱性产业。然而,巴林本土的石油储量相比于其他海湾国家却少得多,其是海合会成员国中储量最小的产油国。其国土面积也比较小,只有786平方千米,是中东国土面积最小的国家。早在西方石油公司开采石油的初期,他们便占领了巴林这一海湾地区的交通要地。这里具有丰富的文化历史、商业资源,因此迅速成为阿拉伯湾重要的石油中转站。巴林岛上泉水丰沛,绿洲葱茂,有着大片盛产珍珠蚌的浅海滩。因此,在发现石油资源以前,巴林与海湾其他国家一样,主要依靠出海采集珍珠等为生。巴林群岛是英国最早开始涉足的地区之一,19世纪英国的涉足迫使巴林酋长阿卜杜拉于1839年签署条约,巴林"羊入虎口"沦为英国的"保护国"。到了20世纪20年代,日本对人工珍珠的大量培育使得巴林盛产的珍珠蚌产珠受到了严重的冲击,也因此,人们发现巴林的经济转型已是必然。与此同时,英国也在海湾地区积极寻找石油,试图垄断海湾石油资源。1925年,英国东方辛迪加开始在巴林群岛勘探石油。然而几年后,由于投入资金和实际产出的巨大差异,英国石油勘探公司将石油租让权转让给了美孚石油公司,由其子公司继续开拓石油勘探之路。

1933年起,美孚控制的巴林石油公司开始对巴林油田进行商业性开采。巴林的原油产量迅速增长,巴林成为第二次世界大战前中东第五大产油国。第二次世界大战期间,战争规模不断扩大,石油工业的发展也在不断推进,而海湾国家的大部分石油都在巴林进行加工,巴林便成了中东工业的中心。在石油工业发展的推动下,商业也得到迅速的发展,巴林商人从他国进口物品再卖给石油公司,如此进程便推进了巴林的繁荣。然而,巴林的石油生产、收益长期被西方垄断,真正惠及巴林的少之又少,巴林的石油主权意识也便由此萌生了。

第二次世界大战后,伴随着中东国家高涨的民族主义浪潮,巴林的石油主权意识也进一步觉醒。工人罢工运动的浪潮不断掀起,直至1952年,巴林统治者与石油公司确立了利润对半的原则,即巴林石油公司付给政府纯利的50%,这与此前每吨石油仅能获取约1美元的纯利形成天壤之别。随着石油财富的增长,巴林更是将石油收入视为经济收入的主要来源,重视石油工业的发展,增加对其的投入,这也使得当时巴林的商业地位不断得到巩固。再加上战后英国在海湾地区的势力不断减弱，1971年8月15日，巴林宣告独立。国际形势也为巴林的石油国有化提供了十分有利的条件。

20世纪70年代既是巴林石油工业高速发展的黄金期，也是石油工业危机转型期的开始。石油的国有化确实为巴林带来了巨额的经济收入，促进了经济的大幅增长，但是油田也发出了石油资源告急的警告。10500吨是巴林在1970年日产油量的峰值，然而自此之后巴林的产油量直线下滑，逐渐无法支撑政府的开支和经济的发展。

1973年，时任埃米尔的伊萨在给议会成员写信时便强调了巴林的经济问题，表示政府不应该只依靠石油资源，巴林需要实现经济多元化。意识到问题后的巴林开启了紧急的经济转型之路。它尝试在保有石油产业的同时，把转型的重点放在重工业上。此外，巴林还积极保护传统工业，积极发展铝业，因此铝业便成为巴林经济的另一大支柱，巴林铝厂（Aluminium Bahrain）是世界十大铝厂之一。另外，由于优越的地理位置，巴林还专注于炼油业的发展，通过一系列的开放性国际化市场政策，学习到一些高端的勘探、开采和提炼技术，将经济转型的重点放在石化领域的专业化和自由化上。1977年巴林的炼油能力达到1250万吨/年，巴林已经是炼油能力超过产油能力的国家。出口的石油提炼品，主要是由巴林石油公司的国有炼油厂提供的。巴林还尝试与沙特阿拉伯合作，不仅从沙特阿拉伯大量进口原油进行提炼与加工，而且与沙特阿拉伯共享阿布·萨法海上油田的收入。由此，巴林的第二产业得到了极大的巩固和发展，拥有地缘优势的巴林正逐步确立自身在海湾乃至世界能源技术市场的相对优势。

1975年爆发的黎巴嫩内战为巴林构建经济多元化提供了有利时机，成为巴林经济现代化历程当中的一个转折点。20

世纪70年代以来,海湾产油国借助丰富的石油资源,大力发展金融服务业,银行业迅速发展,与巴林邻近的沙特阿拉伯、卡塔尔、科威特等国原先均将外汇放入黎巴嫩首都贝鲁特银行中,使得贝鲁特一度成为中东地区的国际金融中心。而1975年的黎巴嫩内战使得中东金融中心转移至海湾地区,巴林借此机会将首都麦纳麦建成金融中心,颁布了允许外国银行开设离岸分行的规定,并给予免征所得税等优惠政策。

然而20世纪80年代初原油价格的暴跌结束了70年代的繁荣局面,各个产油国皆受到了重大打击,巴林也不例外。在这种紧急的情况下,巴林政府不得不将原有的计划提前,大力发展金融业,积极实施开放的经济发展战略,加强与各国的联系,尽快实现经济多元化,缓解石油产业变化对于本国的冲击。

20世纪80年代以后,原油的价格有所回升,巴林仍将发展的重点放在了炼油产业上。鉴于其油气收入一直占财政收入的2/3以上,同时油气资源本身也不够丰富,巴林一直在着力寻求石化领域更专业化的发展,并尝试在此基础上着力打造高度自由化的巴林经济岛。巴林首先投入巨资发展石油工业。在巴林石油高级委员会的发展规划中,与沙特阿拉伯共享的阿布·萨法油田的产量翻番工程被列为最高优先级,按计划投资12亿美元将日产量从14.4万桶提升至30万桶。2003年,巴林石油部邀请十余家外国公司,勘探巴林西北海域的石油天然气资源,并逐步落实了巴林审计院提出的改进意见,实施多项战略性投资以满足出口欧美等高端市场和供应国内市场之需。2007年2月,巴林政府拨款5.32亿美元,支持天然气公司在未来15年内增加700口气井以满足不断增长的电力需要。2008年8月,巴林计划在随后的20年里投资130亿美元发展石油工业,其中80亿美元用于原油的开发和生产,50亿美元用于改造升级炼油设施。截至2018年4月,巴林政府宣布在西部海域发现储量800亿桶的新油田,为巴林迄今为止发现的最大油田。2020年,巴林日均开采石油20.3万桶,多用于炼油,日均开采天然气14.3亿立方英尺(约0.4亿立方米),全部用于国内,主要用于发电、淡化水和生产化工产品,出口石油产品8687万桶,主要包括石脑油、汽油、柴油、航空煤油、燃料油等,出口天然气和伴生气254亿立方英尺(约7.19亿立方米),主要包括丙烷和丁烷等。

2009年,巴林房地产业遭受重创,国际油价再次面临暴跌,金融相关的其他行业也受到不同程度的打击,导致巴林国内出现了财政预算危机。这一次,巴林决心不再走依赖能源经济的老路,而是积极创造新的经济增长点,积极发展金融、建筑和商贸行业。

作为海湾六国中国土面积最小的国家,巴林有的只是极少的自然资源,因此他们首先要做的就是利用开放的市场吸引其他国家投资。巴林经济发展委员会代理行政长官卡马尔·艾哈迈德(H.E. Kamal bin Ahmed)告诉记者,目前巴林最大的外国直接投资者是海合会国家,其中又以科威特和沙特阿拉伯的投资最多,投资额分别为63.75亿美元和51.33亿美元。除了海合会国家,印度、土耳其、德国、英国等国家的投资比例都比较高,这些都极大推进了巴林经济前进的步伐。

巴林跨出的第一步是改革签证制度。为在伊斯兰金融领域发挥更大的影响力,创造更具有竞争力的机构,2014年7月,巴林政府出台了最新的签证政策。根据政策,从2015年开始,巴林将对超过60个国家的居民提供落地签政策。至此,巴林已经向近100个国家提供了落地签服务。巴林王储、第一副首相兼经济发展委员会主席王储萨勒曼,在内阁会议上表示:"此次改革将改善巴林商务环境,吸引对内投资,推动经济增长,并有助于创造就业。"卡马尔·艾哈迈德告诉《国际金融报》记者,巴林的新政策是众多海湾国家中最灵活的签证政策之一,"纵观历史,开放是巴林经济发展的传统,也是进行贸易和投资的一般规则"。此次新颁布的签证修订政策,正顺应了巴林国内投资群体的布局趋势,它们希望能通过此项政策吸引更为广泛的海外投资。

但挑战依然存在,首先就是来自"兄弟国家"的竞争。近几年来,国际油价的波动让海湾国家受到了不小的冲击,它们逐渐意识到不能过于依赖能源经济,纷纷走上转型之路。也因此,发展经贸服务行业,成为它们共同的目标。

为了扩大国家的影响力,吸引更多人气,海湾国家中的卡塔尔和阿联酋率先出击。2021年10月1日,迪拜世界博览会召开,共有192个国家确认参展,阿联酋成为第一个举办世博会的中东国家。2022年11月,卡塔尔举办了2022年世界杯。卡塔尔举办世界杯获得的相关收益达170亿美元。

面对竞争,巴林人表现得十分坦然。"我们很高兴看到2020年世博会(迪拜世博会原定于2020年10月20日至2021年4月10日举行,受新冠疫情影响,推迟到2021年10月1日至2022年3月31日举行,仍使用"2020年迪拜世博会"的名称)和2022年世界杯都将在海湾国家举行。举办国际大型活动对吸引国际投资者来我们地区投资非常重要。"在接受《国际金融报》记者采访时,卡马尔·艾哈迈德巧妙地将邻国的优势转化巴林的机遇。

尽管如此,巴林也在加快行动。作为负责吸引外资的部门,巴林经济发展委员会宣布,凭借其直接的推广活动,已经有多项国际商务活动在巴林开始运营。这些国际商务活动将为巴林创造逾万份工作。"很高兴能够看到由国际商务给这个王国带来的强大信心。如果我们在这个地区拥有的强大经济基础及实施的改革能够确保为国际投资者提供一个良好的投资环境,我们相信这一投资趋势将会继续发展下去。"①卡马尔·艾哈迈德说道。

推动经济多元化的举措也进一步推动巴林基础建设行业的兴起。2009年,巴林政府预算赤字达到14.12亿巴林第纳尔,约合38亿美元,占当年GDP的7%,为历史之最。在此背景下,巴林政府开始尝试在住房及基础设施的建设方面试水。2014年起,巴林投入实施价值34亿美元的项目,涉及住房、公共设施和教育等。其中,住房项目花费预计约占总花费的一半,超过5000个住房单位计划在这一时期内完工。卡马尔·艾哈迈德对此评价说:"核心基础设施建设的投资不仅将推动当下的经济增长,还将为巴林带来更多长期的经济和社会效益。在石油业继续稳步增长的同时,数个重大的项目正在进行。巴林经济发展呈现乐观状态。"②

2020年初,巴林国际机场改扩建工程完成并投入运行,这使得巴林国际机场具备年接待旅客1400万人次的能力。为改善日益拥挤的地面交通,巴林计划修建轻轨,已委托国际咨询顾问公司进行项目可行性论证。巴林和沙特阿拉伯之间的第二条大桥——哈马德国王大桥项目也已完成可行性研究。铁路方面,巴林目前没有铁路,海湾合作委员会第30届峰会规划修建连接海湾六国的铁路网,从科威特城延伸至马斯喀特,投

①　唐逸如:《巴林经济改革的野心》,http://finance.people.com.cn/n/2014/0825/c1004-25528328.html,2014-08-25。
②　唐逸如:《巴林经济改革的野心》,http://finance.people.com.cn/n/2014/0825/c1004-25528328.html,2014-08-25。

资总额155亿美元。线路总长度2170千米,预计为客货两用,客运时速为200千米,货运时速为80—120千米。目前,各国正在制订详细的工程设计方案,海合会总秘书处负责协调各国工作,保证工程质量符合国际标准。作为海合会铁路网的一部分,巴林—沙特阿拉伯铁路桥预计长度约30千米。但由于种种原因,巴林段进度落后于海合会整体规划。2020年,巴林交通部通报哈马德国王大桥及铁路等工程最新进展,表示巴林将首期建设25千米线路,设24座车站,载客能力为每日8000—10000人次。

在金融产业方面,巴林金融业比较发达,是海湾地区乃至中东地区的金融中心之一。2020年,巴林金融业产值占GDP的19%,是巴林第一大支柱产业。事实上,40年来巴林一直是海湾合作委员会中金融服务最发达的国家,巴林也是世界上伊斯兰金融机构最为集中之地。巴林较大的银行有联合国民银行(Ahli United Bank)、巴林和科威特银行(Bank of Bahrain and Kuwait)以及巴林国民银行(National Bank of Bahrain)等。

伊斯兰金融最早起源于20世纪60年代末,沙特阿拉伯在世界伊斯兰大会上提出建立国际伊斯兰银行的建议。70年代末,巴林银行中心出现,受到巴林银行中心优惠条件和业务机会的吸引,一大批银行涌入巴林,这便使得巴林成为伊斯兰银行的中心。

《古兰经》《圣训》为伊斯兰金融经营思想提供了宗教和道德基础,而穆罕默德作为见证人们饱受投机、高利贷之苦的人,颁布了禁止收取重利的指令。也正因如此,禁止收取和支付利息,禁止任何债务交易,禁止投机等,就成为伊斯兰金融的主要特点。

另外,巴林是开发符合伊斯兰教法的金融产品和结构的先驱。巴林中央银行率先在海湾地区发行伊斯兰债券。通过推动新产品开发、文档记录和标准化的国际组织,巴林还对促进伊斯兰金融工具的发展发挥了至关重要的作用。

与此同时,巴林中央银行还发布了许多监管措施。这些举措促进了制定对于符合伊斯兰教法的咨询公司的监管规则,这些公司致力于缩减成本,尤其针对小型机构,这些举措能对它们发挥一些作用。

然而1995年2月,举世震惊的事情发生了,世界首家商业银行——英国巴林银行宣布倒闭。这家银行在新加坡的期货公司,在28岁的巴林银行驻新加坡经理尼克·里森(Nick Leeson)的操纵下过度从事日经期货的投机活动。在一系列的意外挫折之下,里森失去了理智,大多数行为被市场所控制,最后失去对风险的控制而完全是在赌博。令人吃惊的是,这一系列不寻常的投资活动居然得到了巴林银行总部的默许,或者可以称为放任。里森在其自传中这样叙述道:"对于没有人来制止我做这件事,我觉得不可思议。伦敦人应该知道我的数字都是假的。这些人应该知道我每天向伦敦总部要求的现金是不对的,但他们仍旧支付这笔钱。"巴林银行监管不力是其倒闭的最主要原因。里森同时作为交易员和交易负责人,形成无人监管的局面。然而,在倒闭前2个月,巴林总部曾派审计部门进行正式调查,却被里森轻易蒙混过关,银行高层过于相信里森的能力而默许其经营活动。巴林管理层和里森担负着同样不可推卸的责任。对此,巴林政府进行了深刻的反思,重新调整政府的作用,弥补政策的漏洞。

2008年金融危机席卷全球,西方金融公司损失惨重,然而大部分伊斯兰金融机构却平稳度过了这次危机甚至获得了新生。其中发挥主要作用的必然是伊斯兰独特的金融理念,伊斯兰金融由于其独有的教义规定,无论是直接还是间接,都不可以投资于引发次贷危机的资产。其实,当时的国际市场确有一些国际银行试图将包装过的、看似符合伊斯兰教义的产品卖给伊斯兰地区,然而由于伊斯兰教教义对于提供贷款的严令禁止,伊斯兰地区金融最终幸免于难。

　　"我们必须拥有更强大的机构,这不是一个选择而是一个事实。"这是巴林国家银行在论坛上坚定的表态。如今,为了伊斯兰金融能够在国际社会上取得更高的地位,拥有更为稳固的根基,巴林伊斯兰银行采取了许多举世闻名的措施,而巴林银行的兼并便是其中的一条。2013年,巴林艾拉法银行(Elaf Bank)、资本管理银行(Capital Management Bank)和巴林投资银行(Capivest Bank)3家伊斯兰银行完成合并。合并后,所有者权益将达到3.4亿美元,总资产超过4亿美元,业务遍及中东、北非、欧洲等地区。这显然对于伊斯兰金融的发展有着极大的推动意义。

　　对外投资方面,巴林是海合会第一个颁布实施投资信托法的国家,是海合会国家最大的投资基金经济体。巴林的对外投资一般选定一些新兴产油国,2005年仅投向阿尔及利亚的协议资金就高达50.5亿美元,占阿尔及利亚当年吸引外资的20%以上,其中3/4被投到油气领域。同时加大在非油气领域的投资力度。2005年巴林斥资14亿美元在摩洛哥启动两个房地产项目。阿尔及利亚等北非阿拉伯国家是他们地区扩展战略的一个关键部分。2022年,巴林在商业环境和外国直接投资方面的全球排名较高。巴林在中东和北非地区的金融自由、投资自由和贸易自由(传统基金会——2022年经济自由指数)以及经济自由(弗雷泽研究所——2022年世界经济自由指数)排名第一。巴林在有效监管方面也位居海合会国家榜首(弗雷泽研究所——2022年世界经济自由指数)。此外,根据巴林信息与电子管理局的数据,巴林外国直接投资(FDI)存量占2021年GDP的比例(85%)在海合会国家中排名第一,在全球FDI绿地项目(《金融时报》FDI情报——《2022年绿地FDI绩效指数报告》)中排名第11位。

在进出口贸易方面,从20世纪70年代末以来,巴林的对外贸易虽然遭遇了多次战争风险和来自阿联酋等国的激烈竞争,但其作为海湾地区中心之一的战略地位并未消退,进出口和转口贸易都有了长足发展。在具体运作中,巴林始终保持本币与美元挂钩的货币政策,是海湾地区唯一立法允许外商独资的国家,对进出口几乎没有管制和限制,只要双方能接受即可,贸易成交价格较高。根据巴林统计局数据,2020年巴林非石油商品进出口总额为210.67亿美元,其中,出口额为82.67亿美元,进口额为128亿美元。

巴林良好的投资环境吸引了中东其他地区及中东地区以外的投资商,联合国贸易和发展会议发布的2021年《世界投资报告》显示:2020年巴林吸收外资流量为10亿美元;截至2020年底,巴林吸收外资存量为317亿美元。外资主要来自其他海合会国家和阿拉伯国家、欧盟、美国,投资领域为金融业、零售业、通信、石油勘探、餐饮、港务经营及房地产等。金融行业的跨国公司主要有汇丰银行、安联保险、法国巴黎银行、印度工业信贷投资银行、毕马威、安永、罗兰贝格、诺顿罗氏等公司;制造及零售业跨国公司有西门子、巴斯夫、卡夫、通用、益力多、可口可乐、重庆国际复合材料等;物流类企业有敦豪、马士基、中东快递、亚致力等公司;跨国科技巨头有微软、华为、思科等公司。这主要得益于巴林实施的有力的改革措施,法律程序非常快速、有效,并且针对企业的需求,以帮助其进一步调整优化。在巴林,优惠政策钊对巴林的所有企业。为了更好地提供良好的服务和完善的基础设施以吸引外商投资,巴林还专门设立了巴林经济发展委员会,负责全面制订并监督落实巴林的经济发展战略,同时致力于创造良好的营商环境以吸引更多外商直接投资。巴林经济发展委员会董事总经理贾沛年(Simon Galpin)曾在接受《国际金融报》记者专访时表示:"巴林虽小,但敏捷高效,我们会专注推行全世界各个国家一系列最好的监管制度和法律法规,之后快速地应用到整个外联的市场。"

在数字经济发展方面,巴林政府提供了坚强的实体基础设施扶持,全力打造数字经济发展核心,建立了很多数据中心,全面推进5G技术普及。同时,在软实力支持方面,凭借创新的监管框架、强大的技术生态系统和快速的政务电子化转型,巴林已经成为中东地区治理和监管新兴技术方面的试验田。2017年,巴林针对新兴金融科技企业,参考英国等成熟经济体的试验性管理模式,推出了其特有的巴林监管沙盒。该沙盒面向所有金融技术创新类企业,包含金融领域、技术领域和通信领域的公司。无论是否已在巴林央行获取牌照,其均可加入监管沙盒。巴林还推出云优先(Cloud First)政策,将政府部门数字化,全部搬到云服务器中去,希望将巴林打造成区域乃至世界级的数据中心。

此外,巴林的领导层早已了解利用政策和法规为数字经济的繁荣与发展提供框架的必要性。巴林为促进实施数字贸易议程采取了一系列立法措施。一是巴林加入了《联合国国际合同中使用电子通信公约》。二是颁布了新的《电子通信和交易法》,取代了旧的电子交易法。修改后的法律引入了电子签名、电子印章、电子时间戳、电子网站认证和电子挂号递送服务等信托服务概念。新法还删除了旧法律中存在的许多排除条款,使公证可以以电子方式进行,并使商业文件和文书能够以电子文档形式制作。三是引入《个人数据保护法》,巴林是海合会国家中第一个引入此法的国家。四是巴林在符合国际惯例的前提下并在可行的情况下借鉴国际规范进行立法。在这方面突出的例子是使新的《电子通信和交易法》与《联合国使用电子通信公约》保持一致,并起草《信息技术犯罪法》以在更大程度上与欧洲委员会的《网络犯罪公约》保持一致。五是制定了一些开创性的法律条款。如:保护云计算数据中心的数据主权,以鼓励国外各方使用位于巴林的云计算中心,根据该条款,将数据储存在巴林的企业面临与数据相关的任何争议时,只受自己国家的法律管辖;在《电子可转让记录法》中,可以使用电子文件和票据,例如电子支票和电子提单。

现在,巴林王国凭借"海湾门户"的地理位置,已成为中东地区的金融科技重镇,亦是中国企业出海中东的首选目的地,包括华为、中国国际海运集装箱集团(CIMC)、中国中东投资贸易促进中心在内的众多中国机构、企业已选择立足巴林,辐射中东。

2009年8月,华为将中东地区总部迁到巴林。其中一个重要原因是相比以前的总部所在地迪拜,巴林的综合运营成本更低,"比如房租至少要便宜25%。同时,巴林经济发展委员会对我们落户巴林提供了许多优惠",华为中东区副总裁徐军回忆说。

根据巴林统计局2020年数据,中国为巴林最大的进口来源国,自中国的进口额为17.66亿美元,占巴林进口总额的13.8%。中国为巴林第14大非石油商品出口目的地国,出口额1.32亿美元,占巴林非石油商品出口总额的1.6%。

2015年竣工的巴林"龙城"项目占地面积约5.4万平方米。

"龙城"里面销售的包括电子产品、纺织服饰等在内的具有中国特色的商品因品种多样、质量良好、价格合理而颇受欢迎。这是中国和巴林两国间重要的合作项目,它不仅是一个具有中国建筑文化特色的批发兼零售的中国商品分拨中心,还是一个区域性东方文化和休闲娱乐的旅游景点。每年,巴林龙城管理公司在重要的中国传统节日都会组织民俗文化活动,向巴林当地人介绍中国舞狮、汉服、新年等传统文化。2019年初,巴林龙城在当地举办10千米马拉松比赛,共有300多人参赛。通过举办赛事,进一步拉近了两国人民的友好关系。

事实上,巴林"龙城"项目正是受到了迪拜"龙城"项目的启发。2004年,迪拜"龙城"项目建成开业,如今已经发展成为海外规模最大的中国商品批发分拨中心,每年通过迪拜"龙城"成交的中国商品贸易额超过百亿美元。

"这个项目将极大促进中国和巴林之间的贸易关系,并将巴林打造成通往海湾市场的大门。"巴林"龙城"项目开发方董事长迪亚尔·穆哈拉克(Abdulhakim Al Khayyat)表示,"这在巴林的经济发展进程中将是一个重要的里程碑,众多商家将从这个投资1亿美元的项目中获益,并且当地还将建造一批中小型工厂。"

不同于许多中东国家在过去几年才开始尝试多元化的经济转型,巴林在数十年前就开始迈出这一步。巴林利用其有限的油气资源所创造的财富,改变了以油气为主的经济发展模式,其不断挖掘自身优势以追求经济的专业化,实现了经济多元化结构,并最终成为海湾地区的经济强国。

巴林包容的饮食文化

巴林有许多不同风味的餐馆,如:中国、美国、阿拉伯、欧洲、印度、日本、黎巴嫩和墨西哥风味餐馆。其中阿拉伯菜肴以味浓、辛辣为主。巴林的餐馆类型全面,从主要的速食连锁店,像麦当劳、肯德基或比萨小屋到豪华奢侈的餐馆,应有尽有。在巴林,酒类销量是受政府严格控制的,所以,并不是所有餐馆都提供酒水。因此,如果你想在就餐时饮酒,那你需要在去之前打电话咨询他们是否提供酒精饮料。另外,你还可以品尝到阿拉伯浓咖啡和茶。

在禁忌上,巴林人和其他穆斯林一样忌讳左手传递东西(他们认为左手做"不洁"之事,所以用左手来递送东西是极不礼貌的,有侮辱人的意思)。他们还忌讳以酒、女人照片或女人雕塑为礼品相赠,因为这是违犯他们的教规的。他们对当众接吻极为反对,若被发现,轻则罚款,重则判刑。

另外,因为巴林是主要的伊斯兰国家,所以当地餐馆都有供应阿拉伯和东方国家的食物。大型餐馆大多都提供某个国家或地区的风味食品,而且在这些大型餐馆里面还可以听歌赏舞。如果到了晚上,那里的气氛会更加活跃。特别是到了周末,你还可以上台一展歌喉。

巴林人日常惯吃发酵的薄面饼、烤羊肉串、烤羊腿和各种汤类。他们喜食中餐,用餐惯于以手抓饭。巴林人注重菜肴质量,注重菜品的鲜嫩。口味一般不喜太咸,爱微辣味道。主食以面食为主,也爱吃甜的点心。副食有牛肉、羊肉、鸡、鸭、鸡蛋等,还有西红柿、土豆、茄子、菜花、黄瓜、青椒等蔬菜。调料主要用桂花、郁金粉、丁香、生姜、橄榄油、黄油、糖等。巴林人偏爱用煎、炸、烤等烹调方法制作的菜肴,喜爱中国的川菜、清真菜,也喜欢烤全羊、香酥鸡、烤肉、手抓羊肉、番茄牛肉片、清炖牛肉、琥珀桃仁、炸香蕉夹、荔枝芙蓉、烤鸭、扒羊肉条等风味菜肴。巴林人喜欢喝凉开水,也喝矿泉水、橘子汁、咖啡和红茶;爱吃杏、桃、西瓜、柑橘、菠萝等水果;干果乐于品尝松子、杏仁、葡萄干等;特色主食有"玛吉布思"(Machbus,一种以米饭为原料加上鱼或其他肉一起焖煮的手抓饭)、"穆哈玛尔"(Muhammar,一种加糖或枣的棕色甜米饭)、"巴巴加努什"(Baba Ghanoush,由蒜、茄子、芝麻酱做成的开胃菜)、"法拉费尔"(Falafel,一种把鹰嘴豆磨碎后做成炸丸子,再和金枪鱼、番茄、酸黄瓜等一起包起来的饼)。

在餐饮礼节方面,巴林人吃饭时需要用右手。如果食物是放在地上的,你就要盘着腿坐下。切记不要让你的脚挨着放食物的垫子。每一份食物都要品尝一点儿。这些饭菜一般都是家常菜,受尊敬的客人通常会得到最大的一份。宴席上提供的食物远远比你能吃下的多,他们会一直鼓励你多吃点,尽管你已经说"饱了"。当你吃完饭的时候,在碟子里留下少许食物,这表明你非常有礼貌,也说明主人提供的菜肴很丰盛。

含蓄的婚俗文化

　　婚俗是规范人们的婚姻行为与婚姻意识的规律性习俗,是民族文化的重要组成部分。在国家历史演进过程中,巴林的婚俗也随之发生了很多变化。

　　大多数巴林人都信奉伊斯兰教。伊斯兰教作为世界三大宗教之一,有着独特的教规,在穿着、饮食和生活等方面都有一些禁忌,在婚姻上也是如此。

　　伊斯兰教反对独身主义,认为"男大当婚,女大当嫁"。《古兰经》中说:"男女互为对方的衣服。"伊斯兰教认为,婚姻不但是男女两性为了满足情欲而进行的一种结合,而且是一个人对自己、家庭、社会、人类生存延续负有责任的重要行为,也是一个穆斯林遵从主命、履行先知教诲的具体表现,因而伊斯兰教积极提倡男女健康合法的婚姻,禁止非法同居以及同性恋关系。按照巴林传统婚俗习惯,伴侣一般在表兄妹之中选定。

　　随着时代的发展,不同民族独有的婚俗其实是在不断变化着的。换言之,婚姻观念也是一种与时俱进的时代产物。对于生活在阿拉伯湾的岛国巴林的人而言,虽然他们仍然坚持自己的婚俗习惯,但在欧洲文化的冲击和影响之下,他们的一些观念也已有所改变。

　　今日巴林人的婚俗虽已受到外来文化的影响,但程序依然繁多。首先是相亲,农村地区的相亲与城市有很大区别。在城市,恋人们一般都是自己认识、相爱后,男方才请自己的母亲或女亲戚到女方家向姑娘求婚,并就彩礼、结婚费用、婚礼地点与时间等问题达成协议,这种联姻大多是在亲戚间或近邻间完成的。在农村,目前相亲仍需要有人来牵线搭桥,一般是男方的亲戚,相当于我们通常说的"媒人"(为了方便介绍,以下简称"媒人")。媒人受某男方家委托说亲,要到女方家去了解姑娘的情况,如姑娘背诵《古兰经》的熟练程度、烹调与缝纫技术、相貌、头发、身段、举止与全身上下的穿戴等。因此女方家在媒人来前必须做好充分准备,一旦媒人到家,就由姑娘接待,送茶、糖果、点心等,让媒人观察她的仪态、身高、举止与教养等,再由媒人将姑娘的情况转告男方。若男方同意,便约定去女方家求婚的日子,求婚通常是小伙子的父亲、叔叔、母亲、姐妹或舅妈陪同前往。

我们通过巴林姑娘卡罗娅的故事来了解下巴林的婚俗吧。

卡罗娅的家在巴林南部的乡下,此刻的她正在为阿琳婆(一般意义上的"媒人")的到来做准备。她盯着刚刚煮好的"穆哈玛尔"。糖和红枣紧紧镶嵌在棕色米饭上,空气中都散发着淡淡的甜味。她想,阿琳婆会认可自己的手艺吗?自己的礼仪是否得体?

得知阿琳婆要来说亲是在一个秋夜,年轻的卡罗娅轻声应了父母,便快步走进房间,对镜羞涩地打量着自己的容貌。少女的脸颊像剥了壳的咸鸭蛋,丰满莹润中泛出橙红色。黑辫子从脑后垂下,精神又清秀。卡罗娅满意地理了理自己的衣领,脑中不断盘算着将要做的准备。再次熟悉从小背诵的《古兰经》,置办几套干净的衣裳,练习缝纫与烹调……桩桩件件数着,卡罗娅在均匀的呼吸中沉沉睡去,紧张与期待交织成彻夜的梦。

第二天一早,母亲小心地拿出妥善保管多年的银首饰,眼前浮现出自己还是个少女时要见媒婆的忐忑不安。她柔声叫醒卡罗娅,与那双清澈的眼睛对视一眼,便知女儿已经做好了准备。接下来的日子,卡罗娅跟随母亲学习梳妆、送茶以及其他礼仪。在长辈赞许的目光中,在时间的流逝中,卡罗娅的心里夹杂了越来越多复杂的情绪,她清楚地知道,那一天越来越近了。

阿琳婆是个和蔼中透出精明的妇人,她在房间里瞥了一眼,卡罗娅便察觉到了她身上不同常人的气质。她说:"一切都还可以。"卡罗娅呼了一口气,轻轻晃动脸颊,银耳饰清脆的碰撞声在耳边响起。

"阿琳婆。"卡罗娅大方地迎上。

阿琳婆审视的目光上上下下打量着卡罗娅,最终柔和下来:"你就是卡罗娅吗?好孩子。"

卡罗娅应声,先拿出事先准备好的刺绣,招呼阿琳婆坐下细看,紧接着转身去后屋准备餐点。

洗净的杏、桃,成碟的松子、杏仁和"法拉费尔"一一端上,阿琳婆都不为所动。停顿片刻,卡罗娅看到母亲鼓励的眼神,端上了自己拿手的"巴巴加努什"。美食的香味漫延到空气中,阿琳婆抬眼,看着餐桌上精巧的摆盘,神色舒缓,露出了笑容。

在那之后,卡罗娅又摆上了烤全羊、香酥鸡和炸香蕉夹。她虔诚地向阿琳婆诉说着自己对《古兰经》的理解,之后阿琳婆询问了卡罗娅的喜好、教育经历以及生活等。天快黑下来时,阿琳婆才悄声透露男方的名字:伊萨。

"伊萨,伊萨。"卡罗娅一遍遍默念着这个名字,神色游离地与阿琳婆道别,听她承诺会将了解的情况转告男方,再目送她离去。漫长的等待从这天夜晚开始,不知阿琳婆那边情况如何。

　　然而,卡罗娅并不知道阿琳婆对自己多么满意,又是怎样难得热情地和伊萨家谈话至深夜,更无法想象自己默念着名字的男人也在紧张地期待着和自己见面。很快,伊萨就决定了和卡罗娅会面。卡罗娅家里热热闹闹地张罗起来,母亲和姐妹细细准备着行装,平日随意的父亲、叔父也认真地挑选起了合适的服装。

　　伊萨一家到访时,卡罗娅几乎按捺不住心中的激动,她甚至想飞奔出房子看看这个年轻小伙子究竟是什么样的。母亲微笑着,示意卡罗娅再整理整理妆容和服饰。

　　第一眼看去,卡罗娅明媚的目光就和伊萨想象中的动人形象重合起来,微微上挑的眼角更显出少女的神采飞扬。他心中生出无限欢喜,但言语仍旧十分内敛。短暂交谈过后,卡罗娅对伊萨也很满意。

　　一切进行得非常顺利,双方家长愉快地决定商量下一步。女宾与卡罗娅的母亲聚在一厅,男宾与卡罗娅的父亲聚在另一厅,男宾一般不随意进入女厅。

　　在巴林,农村的彩礼远少于城镇,一般以1000第纳尔为起点,有时还少于此数。然而,出于对卡罗娅的喜爱,伊萨家愿意出更多彩礼。成套衣裙、布匹、香水、大米、糖、油、肉、香料、茶叶与咖啡……彻夜讨论后,双方在结婚费用、结婚时间与地点上都达成了一致,伊萨家承诺按约定时间将彩礼送至卡罗娅家,随后告别。

　　订婚之夜,应邀前来的男宾聚在外厅,女宾聚在内厅。伊萨着巴林民族服饰坐在女宾中间,脸盖一块四边垂有缨子的纱巾,头系华丽的彩色头巾。外穿的刺绣羊毛衫以充满生机的绿色作底,其他颜色为辅,一眼看去,像盛夏的森林。面前一块长方形的台布上摆有各色传统点心,有荔枝芙蓉、琥珀桃仁,还有大粒饱满的葡萄干。

此时，全权证婚人与两位见证人徐徐走入大厅，向卡罗娅问道："你同意与伊萨结婚吗？满意他所给的彩礼与数量吗？"短暂的停顿后，接着重复道："你同意与伊萨结婚吗？满意他所给的彩礼与数量吗？"

全权证婚人连问三遍后，卡罗娅高声答道："是的"。

四周的妇女便发出阵阵欢呼声，一边鼓掌，一边唱歌，向卡罗娅祝贺。卡罗娅的母亲也眉开眼笑，向她们分发糖果、点心、巴林咖啡，然后洒香水焚香，欢度良宵。

卡罗娅与伊萨的婚事就此定下，卡罗娅一家将日历翻了又翻，选好了良辰吉日举办婚礼。母亲当年的订婚会就在家附近的帐篷边举办，于是卡罗娅放弃了俱乐部和饭店，挑选了与母亲当年举办订婚会一样的地点。随即，卡罗娅逐一通知亲朋好友、左邻右舍。

订婚会的前几天，卡罗娅的姐妹要陪同这对新婚夫妇上街购买黄金首饰、衣裙、发网、戒指、婚礼服、点心与饮料等。一行人在街头欢笑着走过，每一处都充满幸福的气息。

订婚会开始前，卡罗娅用指甲花汁在双手双脚的指甲上涂上花纹。鲜艳的花汁涂在少女粉嫩的指甲上，就像真的长出了春天的花。卡罗娅穿的素净又蓬松的长裙，像清晨被露水打湿的花瓣。

订婚会上，伊萨的父亲向卡罗娅赠送衣服，向卡罗娅及其姐妹和女亲戚赠送贵重的斗篷。伊萨装扮得帅气又英俊，紧张地为新娘戴上戒指。四目相对时，两个人眼中都燃烧着幸福的小火花。随后，伊萨送给新娘一副发网，并为她戴上用各种鲜花编织的花环。接着是卡罗娅为新郎戴戒指，与此同时，四周的妇女唱起家喻户晓的传统民谣，精灵般的咏唱声伴随着风吹树叶的沙沙声,夜深方散。

目前,巴林的法定婚姻以领取结婚证书为准,但民间仍看重传统婚礼。订婚后,伊萨和卡罗娅双方便开始做婚礼准备。

婚礼前,伊萨家请专职人员前来布置洞房。洞房的四墙通常嵌满镜玻璃,俗称"布镜";天花板贴以红白相间的墙布,墙布下垂有大大小小的彩色玻璃球;地面一般铺波斯地毯;洞房四边放有巴林式家具与装饰物,中间是一张椭圆形桌子,上放一个托盘、一瓶花露水、烛台、蜡烛等物;洞房一角为一张用东方黑色麻栗木制作的雕花双人床,上罩一张透明床罩;洞房另一角的雕花柜上,放一个巨大彩色篮子,供新娘存放衣物与首饰之用。为让洞房内香气持久不散,不仅要在洞房内洒上香水,而且还要在床褥下、枕头下,以及家具下都放上香料。

到了婚礼的化妆之夜,伊萨和卡罗娅共同对住宅进行装饰,使整个房子焕然一新。到了晚上,这里就成了妇女的天下。应邀前来的女宾们要帮卡罗娅穿戴好绣花礼服和金银首饰,缠上金腰带、脚饰,盖上盖头布。然后让她坐在一把特制的椅子上,背后有绣花靠垫,脚下有脚垫。坐稳后,化妆师用化妆颜料在卡罗娅的双手掌双脚掌上画上各种绿色图案。

大约3小时的化妆后,女宾们为卡罗娅换上绿色的衣裙、坐垫、靠垫与盖头布。"你一定会接受绿色带来的好运的!"母亲欣慰地对卡罗娅说。

完毕后,家中的服务人员上前为女宾们分发饮料和点心,熏香,洒香水。女宾们一边吃点心,一边唱民谣,房内香气四溢,欢乐无穷,美好的新生活仿佛就在眼前。

结束时,卡罗娅向每位女宾分发一小盒指甲花,寒暄筹备婚礼时的种种趣事。

第二天,卡罗娅的母亲设宴招待亲朋好友与左邻右舍,共享美味的发酵薄面饼、烤羊肉串、烤羊腿和各种汤类,宾客们喝完茶或咖啡,祝福着年轻的卡罗娅,很晚才离开。

很快到了卡罗娅即将离开父母及兄弟姐妹的一夜。月光如水,一切似乎都蒙着洁白而轻柔的纱。卡罗娅穿戴一新,头、脸用头巾盖住,两手各拿一支点燃的蜡烛,坐于母亲与姐妹中间。大家则一边拍手,一边唱古老的民谣。真诚的祝愿会将爱情之魂送到神灵面前,海洋与森林共同发出鸣响,发出悠扬的回声。

再次回想起母亲不舍的眼泪时,卡罗娅已经坐在了房间里。下午4点左右,使女来到卡罗娅的房间,在她的脸上洒少许香水,然后再分洒向在座的女宾们。接着,一位专职阿姨在使女的指挥下为新娘穿上婚礼服。华丽闪光的面料做出堆叠的层次,蓬松的上身让卡罗娅浅浅露出薄薄的肩胛,显得无比灵动。裙尾缀满浅绿色的、细闪的亮片,双腿好像变成了小美人鱼的尾巴。专职阿姨小心翼翼地将其领入新房。

另一边的新郎也并不清闲,午后,伊萨在一些年轻朋友的陪同下去理发店理发,他们一边唱歌,一边鼓掌至理发结束。理好发后,又在这些年轻朋友的簇拥下回到他自己的家中,开始沐浴。

沐浴后的伊萨已经迫不及待地希望见到卡罗娅,理了理思绪后,他在父母的见证下穿好婚礼服,真挚地亲吻了父母的双手。

"好孩子,快去礼拜吧。"母亲露出了宽厚的笑容。

伊萨应声,在身上洒了些香水,和朋友一起去附近的清真寺礼拜,祈祷有一个美好的未来。

迎新队伍来到卡罗娅家时,伊萨的男性朋友们全都只能站在新娘家的门外。陪伴在卡罗娅身边的女宾们发出欢呼声,并用毛毯把新娘裹起来,抬到新郎那儿,放在椅子上。她们反复地喊叫着:"穆罕默德,愿真主赐福给你。"随后,新郎伊萨解开裹在新娘身上的毛毯,双膝着地对卡罗娅跪拜,以祈求真主保佑生活幸福美好。在一片赞颂真主的赞美声中,卡罗娅与伊萨互换戒指,然后,伊萨把素馨花花环戴在卡罗娅的脖子上。

卡罗娅沉浸在梦中时刻终于到来的恍惚感中,直到产婆上前用香水为自己和伊萨洗手时才回过神来。产婆笑着把香水倒入特制的盘中,此时,伊萨小心地将一些钱币放入盘中,作为产婆的酬金。

这一夜,他们将从恋人成为神圣纯洁的夫妻。

第二天一早,伊萨按照旧俗送给卡罗娅巴林的传统金银首饰。从这天开始,伊萨要在卡罗娅家住上一个星期。与此同时,他们要将各自家中最大的客厅(房间)装饰一新,用饮料、点心、咖啡等款待前来贺喜的客人。

这一星期里,伊萨与卡罗娅的家人们其乐融融,她的母亲感叹卡罗娅如何聪明伶俐,她的父亲笑谈起谁家小伙子痴狂地迷恋过卡罗娅,一遍遍告诉伊萨要无比珍惜、善待他们可爱的女儿卡罗娅。卡罗娅在一边羞涩地笑着。

一星期后举行送新娘仪式,卡罗娅在妇女们的簇拥下步行前往新郎家。伊萨上前将一花环置于大门的门槛上,表示将来夫妻生活美满幸福,而欢送卡罗娅的妇女们则站在门前唱巴林民谣。

烦琐而庄重的婚礼仪式暂告一段落,卡罗娅熬着新鲜的番茄牛肉片,准备做一顿美味丰盛的宴席,作为礼物送给伊萨。回想起一切,似乎是一场漫长的梦。她并不清楚未来将面对什么,但已鼓足了天长地久的勇气。

下篇

中国与巴林

孔院为媒的中巴文化互鉴

　　2019年4月26日,北京语言大学张宝钧副校长率团出访巴林,并代表北京语言大学与阿赫利亚大学校长共同签署合作备忘录。至此,北京语言大学成为与阿赫利亚大学合作的首个东亚高校。

　　在会谈中,双方就两校在科研领域合作事宜交换了意见,还在学生交流及学分互认方面进行了深入探讨,并决定于2019年9月正式开展北京语言大学阿语系大三学生赴阿赫利亚大学短期交流活动;双方还就孔子学院总部阿拉伯语国家志愿者教师培训项目达成了合作意向。

　　阿赫利亚在阿拉伯语中是"大家庭"的意思,而张宝钧副校长在致辞中也表示,这是他第一次来到巴林,他对巴林人民的热情友好印象深刻。此次访问不仅有助于双方构筑教育合作与交流平台,共享教育资源,有力地扩大教育合作规模,拓宽教育合作领域,提高教育合作水平,还为双方现代化建设和友好关系的发展提供人才支持与知识贡献。巴林与中国的关系日益紧密,此次合作更是证明了中巴双方想要持续健康发展友谊的坚定决心。

　　其实,中巴友谊之深厚并不始于此,早在7世纪,古丝绸之路就将两国和两国人民紧密联系在一起。中巴于1989年建立外交关系,30多年来,双方在政治、经济、文化等领域合作稳步发展。"一带一路"倡议和巴林的《2030年经济愿景》在发展理

念、发展领域、发展模式上有许多契合之处。两国高层均表示
要将两个重要计划紧密对接,以实现合作共赢,共同发展。在
文化交流领域,中巴合作更是紧密而广泛,而巴林第一所孔子
学院的建立,更是为中巴文化互鉴搭建了更加便利的桥梁。

2014年4月15日,正值中巴建交25周年之际,巴林王国第
一所孔子学院——巴林大学孔子学院揭牌仪式在巴林大学隆
重举行。上海大学和巴林大学结合各自资源和优势,致力把巴
林大学孔子学院打造成中东地区示范性孔子学院,揭牌仪式在
唱巴林王国国歌和朗诵《古兰经》中开始。巴林大学孔子学院
的成立,标志着两国教育文化领域的合作更进一步,是中国与
巴林教育合作交流的重要平台。

揭牌仪式之后,为帮助巴林大学师生进一步了解中国文
化,吸引更多的学生前来孔子学院学习汉语,5月15日,巴林大
学孔子学院特别邀请了巴林阿哈利大学教育技术学副教授亚
斯先生为广大师生做了一场题为"浅谈中国——中文学习入
门"的专题讲座。亚斯先生有着10年在华学习与工作的经历,
他是巴林王国第一位赴中国留学并获得博士学位的留学生,发
表过多篇优秀中文学术论文,并翻译了多部中国文学作品,有
着深厚的中国文化功底。在讲座上,亚斯先生结合自己学习汉
语的经验和体会,运用例子,深入浅出地讲解了汉字的造字方
法,并与听众进行了简单的汉语教学互动,讲座现场气氛热烈,
妙趣横生,赢得了阵阵掌声。在讲座的问答环节,学生踊跃提
出关于学习中文的若干问题,亚斯教授和汪院长为学生耐心解
答。讲座结束之后,学生意犹未尽,多名学生还向汪院长咨询
有关孔子学院课程的设置问题。可见,巴林大学学生已经开始
产生学习汉语的兴趣和信心。

除了开设普通的大学生中文课之外,政府汉语培训班的设

立更是让人眼前一亮。2014年9月21日和22日,巴林大学孔子学院举办的"巴林王国内政部汉语培训班"和"巴林王国外交部、国防军总司令部汉语培训班"正式开班。培训班学员均为巴林王国内政部、外交部和国防部官员,培训为期16周,每周3小时。开班典礼过后,汉语教师志愿者王美璐老师通过视频展示等方式,带领学员们认识中国。课堂气氛活跃,学员学习热情高涨。考虑到学员们的工作性质,此次课程教学内容在基础汉语之外,会辅以相关专业性汉语词汇,增强实用性。正所谓"因材施教",这不仅是我国古代教育家孔子先生思想智慧的结晶,更是极具教育价值且全球通用的教育准则。

"好一朵美丽的茉莉花,芬芳美丽满枝丫……"在2015年6月15日的孔子学院生日庆典上,孔子学院的老师和学员们用流利的中文和动人的歌声祝福孔子学院1周岁生日快乐。"茉莉花""又香又白人人夸",不正是孔子学院教育事业蒸蒸日上、深受民众喜爱的写照吗?那沁人心脾的清香仿佛从歌声中飘散出来,吹进了每一位致力于推进中巴文化合作的人们的内心深处。典礼结束后,巴林大学孔子学院为所有来宾和学员准备了丰富的中华文化展示和体验活动,每个人都积极地在现场体验茶艺,吹奏葫芦丝,写毛笔字,下象棋……时值阿拉伯斋戒月和中国端午节前夕,巴林孔子学院精心设计的中巴传统节日文化对比展区,让每个人既可以在阿拉伯特色十足的巴林展台品尝到传统的巴林甜食,同时还可以在中国展台领到一份蜜枣粽子礼包。一举两得,构思可谓精妙绝伦。

孔子学院创办仅4年,就有超过2000名学员修读了中文课,政府班已成功举办6期,培训了来自巴林外交、内政、国防等重要部门的学员共200多名。孔子学院在巴林掀起了"中国热"和"汉语潮",使得巴林民众有了感知中国历史文化和了解中国发展成就的窗口,而热爱钻研的巴林民众对中国文化的浓厚兴趣又进一步推动了中巴教育交流与合作,双方齐头并进,实现了两国文化合作上的共赢。语言是人类交流的工具,更是传播文化和友谊的重要手段。此举不仅增进了两国人民之间的相互了解,深化了传统友谊,更促进了两国文化的交融和互鉴。

人才是两国合作的基础和交往的桥梁,亚斯先生和王美璐老师为了中巴的文化交流,离开家乡,远赴异国,为两国文化互鉴建立纽带,彰显时代最强音。当然,在"一带一路"持续增强文化交流的路上,远不止这两人的奔走。

汉语教师志愿者蔡仁彦戏称,抵达巴林时,最先迎接她的是阵阵热浪。随后又哈哈一笑:"确切地说,是浓浓热情,为我开启了甜甜的巴林之旅。"在巴林,你会时常闻到空气中飘来的淡淡香气,这是阿拉伯人喜欢的水果烟丝散发的,特别甜美。有时遇到兴致高昂的司机大哥,他们听到你是中国人,会变得极度热情,向你介绍巴林的风土人情,带你领略这个迪尔蒙文明的发源地。

走进孔子学院,感觉就像是回到了家。教室、走廊都精心用传统的中国元素作装饰,非常亲切。"当平平无奇的我被一群小我五六岁的学生叫一声老师,有时会不那么真实。但是我告诉自己,必须快速转变身份,进入状态。"公派教师的悉心指导和其他志愿者的经验交流与分享,对新到巴林的志愿者教师的教学工作有着相当重要的借鉴意义。为了拉近与学生之间的距离,蔡仁彦常分享她的所见所闻和真实感受,她与同学们亦师亦友,渐渐融入了学生的圈子。

最令蔡老师印象深刻的,还是那次"突击任务"的来袭。国庆前夕,刚完成第一周教学任务的蔡老师下班时便收到这样一条通知:第二天要录制庆祝中华人民共和国成立70周年MV,请上午有课的老师组织学生参与录制。"周一上午仅我有课,这个重任就这么降临到我和我的学生身上。"这项任务令蔡老师有些无措:学生拼音还未学完,怎么学中文歌呢? 于是在晚上备课前,蔡老师先与班长进行沟通,通知同学第二天上课要学一首中文歌,还要录像。提前告诉他们这个消息是必要的,因为很多阿拉伯女生不愿出镜,所以要理解和尊重她们的文化传统和意愿,拍摄要征得她们的同意。在做课件时,蔡仁彦意识到从教唱到录制结束只有15分钟,进行完整教学是不现实的,就决定简化为两句副歌"我爱你,中国"。在短暂的教学时间里,为了能促使学生尽快进入学习状态,又保持一种轻松的氛围,蔡仁彦努力克服《我爱你,中国》调高的困难,强装镇定地在学生面前唱了一遍。学生们透过歌声感受到了老师的诚意,似乎也慢慢放开了,伴着音乐哼唱起来。记得当时正逢邻国沙特阿拉伯国庆日,班上也有沙特阿拉伯的学生,蔡老师借机和他们聊了聊每年都是怎么庆祝的,这打开了他们的话匣子,大家相互交流自己国家的文化和风俗,收获颇丰。正如她所希望的,学生不是单纯会唱一首中文歌,而是能对彼此不同的文化有所了解和收获,这样更有意义。当然,最后的录制也很成功。

如果说蔡仁彦在巴林的教学生活如椰枣一般甜蜜酥软,那么巴林大学孔子学院公派教师黄鑫的在巴经历更像石英钟一般,有条不紊地进行着,又或者像是柠檬,初尝有些酸涩,却有着别样的美味。

巴林孔子学院为巴林大学学生开设的汉语学分课已经被纳入巴林大学整体规划。汉语课程作为巴林大学的选修课,选课人数及课程规模逐年增长,学生对汉语学习的热情也日益高涨。此外,巴林大学还面向巴林四大部委开设部委班,面向本校各部门教职工开设教职工班,以及针对中国政府奖学金学员开设教育部班。

相较还在读书的志愿者教师们,黄鑫老师比她们上过的课型稍多一些,再加上以前从事过教务工作,孔子学院的吴雪颖院长就把教学负责人这份工作交到了黄老师手上。面对复杂的教学对象和繁重的教学任务,吴院长初期还是手把手指导黄鑫如何快速高效地开展工作。任务繁多,更要有章可循。为了孔子学院发展的可持续性,提升孔子学院办学质量,吴雪颖院长根据国家汉语国际推广领导小组办公室(简称国家汉办)的要求提出了管理制度化、科学化的方针。由于当时巴林孔子学院建院只有2年,部分教学管理条例并不健全。针对这一情况,黄鑫老师在吴院长的指导下,开始逐步完善巴林孔子学院的教学制度。

黄鑫提议建立集体备课的制度,以便教师们集思广益,提高备课效率。"以政府班课件为例,为了结合当地文化,让学生对话题内容更有代入感,我们改编教材内容,将国内的情景换成巴林当地,并根据巴林生活特点编写针对性更强的对话,设计PPT和开发视频教材,辅助汉语教学。"为了提高教学效率,黄鑫还组织大家进行说课,帮助大家熟悉上课流程,增强自信心。此外,黄鑫还提出了完善听课评课制度、进行考前培训、制定教学管理细则等教学制度,这些制度为汉语学习营造了积极的氛围,保障了汉语教学的顺利进行。

正是因为管理者的高要求,以及在不断提高教学质量,完善孔子学院内涵建设方面做出的努力,使得孔子学院在巴林大学也得到了强烈的认同,其口碑在学生之间口口相传。每学期结束时,学生们都会以各种方式来表达对老师的感谢——精心制作的卡片,集体购买的礼物,或是印有集体照的蛋糕……师生欢聚一堂,感恩缘分。"甚至1年前的学生还会跟我联系,告诉我巴林的新鲜事。有的学生偶尔还会来办公室跟我聊起他们的实习、工作等。看着学生们点点滴滴的进步,作为老师的那种幸福感是无法描述的……而本学期选修汉语课的学生人数更是突破500大关,这也是对我们工作最好的奖励。"

巴林孔子学院作为在巴宣传中国文化的重要窗口,除了进行汉语教学之外,最重要的要数传播中国文化了。"我常常在想,如果没有孔子学院这个大平台,我可能与书法渐行渐远。现在的这一切都让我感恩于孔子学院给我们提供的所有机会,让我们得以不断提升自己。"黄老师虽然幼时学过书法,但许久不写,自然会有些生疏。为了在文化活动中向学生们展示中国书法艺术,黄老师又拾起毛笔,竟也养成了每天习字的好习惯。为了支持她,孔子学院购置了足量的笔墨纸砚,吴院长更是将自己心爱的毛笔留给黄鑫使用,这让她感动不已。巴林民众对书法的热情远远超出老师们的想象,每每举办文化活动,写名字的摊位前的学生总会排起长龙。2017年除夕,孔子学院受邀参加当地最高规格酒店——四季酒店举办的新年活动,前来感受书法艺术的民众同样络绎不绝,甚至在活动结束后,酒店的工作人员还来求墨宝。

以语言相通为基础,加强与中东地区的文化相通和民心相通,中国人一直为国际汉语教育事业努力工作,为"一带一路"倡议实施持续培养语言人才、开展文化活动、推进地区交往贡献自己的力量,他们都是平凡的英雄。巴林孔子学院成立不到10年,声誉鹊起,广受欢迎,政府汉语培训班受到如此青睐,体现了两国人民相互了解、相互借鉴、共谋发展的强烈愿望和现实需求。这离不开两国政府有关部门的坚定支持,离不开上海大学和巴林大学的精诚合作,更离不开孔子学院教职员工的辛勤付出。

中巴之间的合作,锦上添花以外,更有雪中送炭的真切情义。以巴林孔子学院为桥梁,上海大学和巴林大学建立了深厚的友谊:在中国疫情最困难的时期,巴林大学慷慨捐赠了1万只口罩给上海大学,有力支持了上海大学的防疫工作;同样,在巴林新冠疫情日趋严重时,上海大学也给予了力所能及的帮助。希望双方共同努力,早日战胜疫情,继续以孔子学院为平台拓展两校间的学术交流、联合培养和学科合作。

"国之交在于民相亲。"近年来,在中巴两国携手努力下,双方文化交流与人文合作取得了丰硕成果。2016年"中国文化月"和2017年"中国文化周"系列活动在巴林成功举办,苏州芭蕾舞团、安徽省杂技团、澳门中乐团、广东南方歌舞团等先后访巴演出,精彩纷呈、好评如潮,增进了两国友谊,实现了文化交流和文明互鉴,为双边友好合作关系的发展注入了强劲动力。目前,中巴两国文化主管部门正在加强沟通与协作,共同推动中国文化中心在巴早日建成,这将是海湾地区的首家中国文化中心。同时,中巴教育交流与合作也日益密切,已有近1000名巴林留学生在华接受高等教育,学习医学等专业。

2019年1月25日,巴林文化中心文化厅座无虚席,过道上、场外大厅的屏幕前都挤满了观众,广西艺术团"2019欢乐春节"杂技演出交流活动在这里举行。热闹喜庆又融合杂技元素的歌舞《开门红》,使巴林的观众们感受到了中国浓郁的春节氛围。利用春节契机弘扬中华文化,讲好中国故事,这个活动增进了彼此的沟通与理解,让彼此共同分享由开放包容带来的丰硕成果。

新年伊始,爆竹声声,远处传来了悠扬婉转的戏曲,细细一听,巴林的新年中竟也有了几分中国味道。

浙巴情缘

2016年9月6日,巴林浙江商会举行成立大会,温籍侨胞金鲁安当选第一届商会会长。大会上公布了浙江商会章程,还确定了副会长、顾问及理事等。该商会是由在巴浙江籍企业家自愿组成的、非营利性的社会团体,有会员200余人,以"弘扬中华文化,凝聚同乡情谊"为宗旨,致力于促进中巴两国经贸文化交流。

浙江温州自古是海上丝绸之路的重要节点,有着悠久的对外开放传统和开展海上国际贸易的历史。目前已有超过38万温州人云集57个共建"一带一路"国家和地区经商创业,这不仅使其积累了资本,还促进了文化融合。据温州商学院意大利籍唐云教授所述,海上丝绸之路持续了1300多年,一直繁荣到15世纪初期,即明朝时期,其连接的主要港口包括太仓、杭州、宁波、温州、泉州、福州和广州等。

海上丝绸之路也是一条海上陶瓷之路。由于易碎的瓷器难以用骆驼运输穿越绵延的亚洲沙漠,海运自然就成为理想的运输方式。瓷器在茶叶的隔离保护下,能完好无损地抵达亚洲、非洲和地中海。南宋时期,浙江温州(古称"永嘉")地区工商业经济发达,出现数量众多的富商、富工及经营工商业的地主,他们要求抵御外侮,维持社会安定,并希望能减轻捐税,主张买卖自由,尊重富人,发展商业。薛季宣开创事功之学,继之者陈傅良,集大成者叶适。永嘉学派提出"事功"思想,主张"经世致用，义利并举"，重视经史和政治制度的研究，主张通商惠工、减轻捐税、探求振兴南宋的途径。"永嘉之学，教人就事上理会，步步着实，言之必使可行。足以开物成务，盖亦鉴一种闭眉合目朦胧精神自附道学者，于古今事物之变，不知以为何等也。"①时至今日，永嘉学派的思想依然根植于温州企业家的内心，他们活跃在世界各地。

《岭外代答》是浙江温州人周去非(1134—1189年)的一部地理名著，周去非于宋隆兴元年(1163年)中进士，后赴广西为官4年。东归后，温州港口恰逢外销瓷器、丝绸和漆器的繁荣时期，周去非重新整理笔记，记录广西当地的历史、地理和社会人文，还记有很多国外地区的情况，于淳熙五年(1178年)写成《岭外代答》，回答亲朋好友问及岭南的风土人情、奇人异事。周去非自序称此书用以答客问，故名曰"代答"。从一些地名来看，他与同为宋人的赵汝适接受的是两个体统的汉人文化，他描述张骞的情况可视作对《史记》的补充，同时也是对东汉张骞碑的"佐证"。

1077年，巴林被阿拔斯王朝吞并，后于1507年被葡萄牙人占领。《岭外代答》卷三"外国门下"的《大食诸国》有云："大食者，诸国之总名也，有国千余。"大食，或译"大石""大寔"，唐朝将阿拉伯帝国称为大食，按其民族服装颜色分白衣大食、黑衣大食、绿衣大食三种。曾统辖巴林的阿拔斯王朝便是古代中国史籍中所称的黑衣大食，定都于巴格达，其统治者是伊斯兰教先知穆罕默德的叔父阿拔斯·伊本·阿卜杜勒·穆塔里卜的后裔。《大食诸国》中介绍的"白达国"即为阿拔斯王朝首都巴格

---

① 黄宗羲：《宋元学案》卷52《艮斋学案》，中国社会科学出版社2021年版，第1696页。

达,书中关于"白达国"的描述如下:

> 有白达国,系大食诸国之京师也。其国王则佛麻霞勿之子孙也。大食诸国用兵相侵,不敢犯其境,以故其国富盛。王出,张皂盖,金柄,其顶有玉狮子,背负一大金月,耀人目如星,远可见也。城市衢陌,居民豪侈,多宝物珍段,皆食饼肉酥酪,少鱼菜米。产金、银、碾花、上等琉璃、白越诺布、苏合油。国人皆相尚以好雪布缠头。所谓软琉璃者,国所产也。

这也许是中国最早对巴林有所描述的古文记载。

巴林与温州的情缘暂且追溯至此,天定良缘,上文所提宋人赵汝适也是浙江人,其书成于宋理宗宝庆元年(1225年),与周去非同被称作研究中外海上交通史的大家。赵汝适,浙江临海人,出身皇族,学识渊博,在浙闽市舶司任职多年,且有丰富的涉外经历,"交接外商,随时笔录"。晚年力疾而成的我国海洋史上的旷世精品杰作——《诸蕃志》,被誉为"所记海国之广,东自日本,西抵西细利,沿海诸国几尽列举无遗"的"世界名著"。其对于大食的描述,相较《岭外代答》更为详尽,也更具普遍性:

> 大食在泉之西北;去泉州最远,番舶艰于直达。自泉发船四十余日,至蓝里博易住冬,次年再发,顺风六十余日方至其国。本国所产,多运载与三佛齐贸易贾转贩以至中国。
>
> 其国雄壮,其地广袤。民俗侈丽,甲于诸番。天气多寒,雪厚二三尺,故贵毡毯。国都号蜜徐篱或作

麻罗拔,据诸番冲要。王头缠织锦番布,朔望则戴八面纯金平顶冠,极天下珍宝,皆施其上。衣锦衣,系玉带,蹑间金履。其居以玛瑙为柱,以绿甘(石之透明如水晶者)为壁,以水晶为瓦,以碌石为砖,以活石为灰。帷幕之属,悉用百花锦,其锦以真金线夹五色丝织成。台榻饰以珠宝,阶砌包以纯金。器皿鼎灶杂用金银。结真珠为帘,每出朝,坐于帘后。官有丞相,披金甲,戴兜鍪,持宝剑,拥卫左右。余官曰太尉,各领兵马二万余人。马高七尺,用铁为鞋。士卒骁勇,武艺冠伦。街阔五丈余,就中凿二丈深四尺,以备骆驼、马、牛驮负物货。左右铺砌青黑石板,尤极精致,以便来往。民居屋宇,与中国同,但瓦则以薄石为之。民食专仰米谷,好嗜细面、蒸羊;贫者食鱼、菜、果实,皆甜无酸。取葡萄汁为酒,或用糖煮香药为思酥酒。又用蜜和香药作眉思打华酒,其酒大暖。巨富之家,博易金银,以量为秤。市肆喧哗,金银、绫锦之类,种种萃聚。工匠技术,咸精其能。王与官民皆事天,有佛名麻霞勿。七日一削发剪甲。岁首,清斋念经一月,每日五次拜天。农民耕种无水旱之忧,有溪涧之水足以灌溉。其源不知从出,当农隙时,其水止平两岸,及农务将兴,渐渐泛溢,日增一日,差官一员视水候至,广行劝集,齐时耕种,足用之后,水退如初。国有大港,深二十余丈。东南濒海,支流达于诸路。港之两岸,皆民居。日为墟市,舟车辐辏,麻、麦、粟、豆、糖、面、油、柴、鸡、羊、鹅、鸭、鱼、虾、枣圈、葡萄、杂果皆萃焉。

土地所出,真珠、象牙、犀角、乳香、龙涎、木香、丁香、肉豆蔻、安息香、芦荟、没药、血碣、阿魏、腽肭脐、硼砂、琉璃、玻璃、砗磲、珊瑚树、猫儿睛、栀子花、蔷薇水、没石子、黄蜡、织金软锦、驼毛布、兜罗绵、异缎等。番商兴贩，系就三佛齐、佛罗安等国转易。

麻罗抹、施曷、奴发、哑四包闲、罗施美、木俱兰、伽力吉、毗喏耶、伊禄、白达、思莲、白莲、积吉、甘眉、蒲花罗、层拔、弼琶罗、勿拔、瓮篱、记施、麻嘉、弼斯罗、吉慈尼、勿厮离，皆其属国也。……其王盆尼末换之前，谓之白衣大食。阿婆罗拔之后，谓之黑衣大食。皇朝乾德四年，僧行勤游西域，因赐其王书以招怀之。开宝元年，遣使来朝贡。四年，同占城、阇婆致礼物于江南李煜；煜不敢受，遣使上其状，因诏"自今勿以为献"。淳化四年，遣副使李亚勿来贡，引对于崇政殿；称其国与大秦国为邻，土出象牙、犀角。太宗问："取犀、象何法？"对曰："象用象媒，诱至渐近，以大绳羁縻之耳。犀则使人升大树，操弓矢，伺其至，射而杀之。其小者不用弓矢，亦可捕获"。赐以袭衣冠带，仍赐黄金，准其所贡之直。雍熙三年，同宾瞳龙国来朝。咸平六年，又遣麻尼等贡真珠，乞不给回赐。真宗不欲违其意，俟其还，优加恩礼。景德元年，其使与三佛齐、蒲甘使同在京师，留上元观灯，皆赐钱纵饮。

四年，偕占城来贡，优加馆饩，许览寺观苑囿。大中祥符，车驾东封，其主陁婆离上言，愿执方物赴泰山，从之。四年，祀汾阴，又来。诏令陪位。

旧传广州言大食国人无西忽卢华，百三十岁，耳有重轮，貌甚伟异；自言远慕皇化，附古逻国舶船而来。诏赐锦袍、银带，加束帛。

元祐、开禧间，各遣使入贡。有番商曰施那帏，大

食人也。侨寓泉南，轻财乐施，有西土气习；作丛冢于
城外之东南隅，以掩胡贾之遗骸。提舶林之奇记
其实。

不难发现，《岭外代答》和《诸蕃志》虽为同时代的书籍，但
由于作者写作视角不同，便存在着"大同小异"，《诸蕃志》和《岭
外代答》都记录了大食国众多属国，《岭外代答》称有"千余"，而
《诸蕃志》则罗列了24个属国，其中"白莲"即"巴林"。《宋会要》
记载，熙宁六年(1073年)大食俞庐和地国有使者蒲哕洗入贡
事。藤田考证，"俞庐和地国"即巴林的卡提夫港(Al-Qatif)，亨
利·玉尔(Henry Yule)考证《诸蕃志》卷上大食国的"白莲"即巴
林之音译。《诸蕃志》特别强调"大食，本波斯之别种"，这意味着
我们不能把大食和波斯视作两个完全孤立的国家。这样说来，
与大食具有"血缘关系"的波斯国的历史，对于巴林历史也具有
考证意义，此处不再详述。

若说浙江人所书两本著作仅仅是当地人对于赴巴林后所
见所闻的记录，那么经贸论坛的举行则实打实地标志着浙江
(杭州)与巴林正式建立了合作共赢的亲密关系。

2018年11月19日下午，中国(浙江)—巴林经贸论坛在杭
州举行。浙江省政协副主席张泽熙表示，巴林是海湾地区"一
带一路"交汇国家，也是进入海合会市场的门户，希望浙江与巴
林加强在贸易、投资、金融、文化旅游等领域的务实合作，密切
企业间交往，努力实现共赢发展。巴林方面也表示，巴林政府
正着力打造开放、自由的营商环境，欢迎浙江企业抓住巴林的
投资机遇，参与巴林经济建设。浙江省商务厅与巴林经济发展
委员会签署经贸合作备忘录，将在信息互换、交流互访、企业及
项目对接等方面共同开展工作。

不过,杭巴之间的缘分绝非从经贸论坛才开始。依据2017年的杭州及东南地区中外交流历史研讨会的研究结果,杭州在中国对外交流史上具有持续性的影响,占据着举足轻重的地位,而且在南宋时期还成为海上丝绸之路的中心。杭州市社科院副研究员魏峰在《宋代杭州与海上丝绸之路》中指出:"在宋代对外国际交流中,临安(今为杭州)虽然因为航道条件限制,没有成为明州(今宁波)这样的对外贸易枢纽港口,却始终扮演着重要角色,是整个对外网络中的重要节点,甚至是商品和文化交流中心。除了明州之外,上海镇、澉浦也可以被看作是临安的外港。临安因此是南宋时期海上丝绸之路中心。"在历史上对外的贸易往来中,杭州对外出口丝绸、茶叶、瓷器等商品,时间跨度达几千年。杭州身为中国重中之重的贸易枢纽,在通过海上丝绸之路开展对外交流的同时,也绝对少不了与魅力巴林的建交。

从历史看向当今,商务部积极贯彻习近平新时代中国特色社会主义思想,积极践行新发展理念,以共建"一带一路"为引领,坚持稳中求进工作总基调。而巴林政府自2011年以来,采取了更加积极的民生政策,加大基础设施投资,改善民众生活水平。发达的金融和旅游业、便利的交通、开放的市场、宽松的环境及优良的服务更使巴林赢得了诸多美誉。中巴经贸合作在两国政治互信、民间交流频繁的良好氛围下,发展前景一片大好。

2021年4月8日下午,"'建'见巴林 2021中国—巴林经贸投资云洽会"在"全球撮合家"平台成功举办。2020年,建设银行依托"全球撮合家"平台推出数字会展服务,连接各省市商务部门、商会协会开展常态化线上招商和会展。本次活动历时近2小时,是建设银行在中东、北非地区的首场云洽会,由浙江省分行和迪拜国际金融中心分行共同承办,共邀请省内百余家企业观看线上直播并提问,由嘉宾就企业投资、入驻巴林"龙城"等相关问题进行详细解答,实现了线上展示、线上对接、线上洽谈的商业机遇撮合设想,得到了境内外政府、企业的高度评价。此次云洽会是建设银行境内外机构协同服务境内企业"走出去"与境外商机对接的又一成功尝试,也是浙江与巴林在经贸方面的又一次深入合作。

　　一湾绿水,万顷碧波,美丽的阿拉伯湾北起阿拉伯河河口,南至霍尔木兹海峡,似一条绿色丝带,镶嵌在中东这片黄色板块上。美丽岛国巴林王国,犹如一笔绚丽浓墨,勾勒在阿拉伯湾这条绿色丝带上。不知这美丽的岛国是否想过未来的海上丝绸之路开通时,会与可爱的中国浙江的朋友建立下如此深厚的情谊呢?

那些年在巴林

杨丽：从叠石桥走出的生意人

叠石桥位于江苏省南通市海门区三星镇与南通市通州区川姜镇交接处，因家纺产业集群的快速发展而闻名全国。尽管杨丽并不是叠石桥家纺城地区到国外做生意的第一人，但却是在巴林最年轻的一个，是小微型纺织产业从业者"走出去"打拼的典型。

杨丽的出生地——海门区叠石桥家纺城地区的千家万户有两大特点。一是每家都有人在上海，二是都从事纺织产业。按照地方政府的资料，纺织产业的源头在近代可以追溯到清末民初实业家张謇。在那之后，无论时代怎么变化，无论生产者被赋予怎样的定义和分类，当地人都会在生产纺织品中寻到一个工序和角色。自初中毕业之后，杨丽就跟随长辈继承祖业。杨丽的父母就是做"花边"的，以现代眼光看，工艺有粗细、手脚有笨巧，但最终需要的是做大"量"。

对1979年出生的杨丽来说，在长辈的管带下，虽不能大富大贵，但也生活无忧，却始终无法在纺织产业中寻找到更多更广的增值空间。他说："我们是家庭作坊式的生产，再怎么做，也就是小打小闹，都成不了亚萍姐。"亚萍是陆亚萍，是江苏亚萍集团董事长，中国花布大王，纺织产业的杰出代表，当地人心目中的偶像。在叠石桥从事家纺行业20年后，2015年9月，杨丽下定了出国做生意的决心。"我就是那个眼睛瞎了、耳朵聋了的青蛙,看不见也听不见,只知道一直向塔尖爬。"最终到巴林创业,有两个原因:一是当地在巴林做生意的人特别少,而针对阿拉伯湾国家特别的市场需求,叠石桥地区雄厚的纺织产业基础可以满足。另一个重要原因是,杨丽通过朋友介绍联络上了中国中东投资贸易促进中心(CHINAMEX)运作的巴林"龙城"项目,这是中国"一带一路"倡议共建国家最大的经贸平台,也是中东地区最大的中国商品贸易枢纽。这里距离市中心车程15—20分钟,已经聚集了近2000位中国生意人,有约800个商铺,销售着成千上万的"中国制造"商品。

2016年1月6日,杨丽只身从上海飞往巴林。热,这是他对巴林这个中东国家的第一印象。在朋友的帮助下,杨丽很快在巴林"龙城"买到了自己的店铺。第一年,杨丽亏了5万元,对他来说,这也是到国外闯荡必须交的一笔学费。第一年销售的很多产品,都是他从别的中国商户那里购买再销售的。"你无法向别人了解更多,生意就是生意。"不过,这为他观察和了解巴林市场带来了机遇。"早10晚10"是杨丽的店铺每天开张的时间,客户大多是普通家庭,也有当地的小型批发商,偶尔也有宾馆等大客户。现在,杨丽已会使用很多英语和阿拉伯语词汇。在这里生活,杨丽多与巴林"龙城"中国项目管理方打交道,与中方工作人员以朋友相处,但见面的机会也不多。如果遇到政府来检查工作,项目公司都会提前发通知。特别是经营范围的变更,必须得到中方和当地政府的许可。

在巴林,杨丽感觉到,巴林这个国家民风淳朴,夜不闭户。他租的住所,同时也承担着仓库的功能,"每每有大货车来送货,邻居都会主动把车停到另一边,把道路让出来"。杨丽现在有3家公司,1家完全独资,另2家与他人合伙,一共雇用了5名员工,3人是"老外",2人是亲戚。独资公司从事纺织品销售,另2家公司有当地商人参股,正在不断寻找新的商机。

与国内联络,主要是通过微信。华为与当地合作成立了合资公司,架设了通信网络,每个月提供50G的流量,约120元/月的费用。

2017年,杨丽在巴林的生意已有盈利,为他在国内进行生产的人,也赚到了利润。在2018年春节期间,很多人主动寻至杨丽的家,商谈合作。自到巴林以来,杨丽通过国内生产、国外销售的方式,成功带动了叠石桥家纺城地区10多户家庭的纺织生意。每个礼拜都有几个晚上,在看完新闻联播之后,杨丽会通过微信指挥国内的生产,让国内的伙伴领会他对当地市场的理解。杨丽在国内的不少供货者,不时会飞到巴林,与杨丽一起考察,希望能对国外市场有更精准的了解,进行一些创新,合理布局内销和外贸的生产结构,让更多的产品卖到国外。

安然:Global Mom

安然一家因丈夫的工作,在巴林生活了两年多,之后回到了深圳。

在巴林两年的生活,让她印象深刻,她去过很多国家,因此打趣地叫自己"Global Mom"。

两年前,刚来巴林的时候,她刚刚告别朝九晚五的职场生活,成为一名家庭主妇。当时,两个女儿大的三岁七个月,小的一岁十个月,这是她第一次独自照顾两个孩子。那时的她,每天都过得很紧张。紧张感,不仅仅是日常琐事过多带来的,还是第一次离开祖国在海外生活带来的,也是第一次接触这个中东国家带来的。

但巴林的气候、环境和人都给了她一个大大的"拥抱",让她很快感受到这个国家的美好。

巴林一年到头阳光明媚。从 11 月到来年的 4 月,巴林的天气都很舒适,可以进行大量的户外活动。夏天很热,冬日偶尔会遇上大风天,剩下的大部分时间里,都是相同的太阳、相同的蓝天。窗外冬日的暖阳由起初的光芒四射,慢慢变成一轮温润的红日,最终落入大海,就像一位老朋友温暖的陪伴。

在首都麦纳麦,可以感受到现代和自然的完美融合。只用 5 分钟的车程,她就可以带着孩子们从席夫区(Seef)林立的现代办公楼边,来到古堡的海滩上,看着波光粼粼的海面,向头顶掠过的海鸟招手。

在巴林生活,安然遇到过太多的好心人。一次,她的车陷进了沙子里,任由她怎么踩油门都出不来。当时她刚到巴林,先生在上班,她又不认识其他人,正在她手足无措的时候,来了一辆货车,从车上下来一个大叔,大叔爬进车里,拿出一根绳子,把绳子的一端绑在他的货车上,另一端绑在安然的车上,就这样,帮安然把车子从沙地里拉了出来,解了她的燃眉之急。

还有一次,她独自一人带小女儿在席夫购物中心(Seef Mall)购物,小女儿一直在哭闹,怎么都哄不好。这时,一位穿着紧身背心、全身上下都是文身的壮实男子朝她走来。迎着门口强烈的光,看着这位强壮的男人面无表情地走向自己的那一刻,她有点害怕,心想难道是小女儿的哭声吵到他了?结果,他一开口说话,就让安然湿润了眼眶。他说:"女士,你应该让孩子坐推车,你身上背着包,手里又拎着袋子,还要抱一个孩子,太辛苦了!"

那时安然的小女儿刚从国内来巴林,一直不肯坐推车,安然也还在学习怎么照顾她,怎么都哄不好小女儿让安然感到很无助,来自陌生人的同情让她倍感温暖。

　　还有一次,安然带着两个女儿一起去加菲尔区(Juffair)的泰国超市买菜心。小女儿因为不愿在超市里,一直闹着要出去。安然只好火速挑好菜去付钱,结账的时候,小女儿还在哭。排在她前面的一对情侣,突然递过来超市收银台展架上的两个皮卡丘公仔,他们对安然的小女儿说:"不要哭,这个送给你。"安然赶忙说"谢谢",并说自己来付钱。他们说:"不要客气,你的两个女儿很可爱,我们很喜欢她们,想送给她们。"这也让安然深深感动。

　　后来,越来越多的经历让她体会到,在这里生活的人们真的很友好。比如,偶尔去的咖啡店店员会主动和安然的两个女儿打招呼,邀请她们吃冰激凌。比如,有一次在飞机上,一位女子看见妹妹哭,就送巧克力给她,安慰她不要伤心。安然初来乍到的惴惴不安,就在人们的善举中不断被消解。

　　在和邻居的相处中,她也感受着这个国家的多元化。到巴林一个月以后,她给大女儿找了一个托班。每天中午去接大女儿回家的时候,都会遇见一个阿拉伯女子。那个女子很喜欢安然的两个女儿。熟悉了以后,她问安然,为什么要把孩子们的头发剪这么短?至少要留到下巴那样的长度。她说自己18岁之前,她妈妈从来没有给她剪过头发。安然说,在中国,有很多小女孩剪短发,因为她们的父母工作比较忙,没时间打理她们的头发,并说自己小时候就是这样的。邻居不理解地说,在这里,女孩子们都是留长发的,而且都有耳洞,初中起每天都妆容精致,校服熨得没有一丝褶皱,多彩的妆容和飘逸的长发让她们很开心。她还在告别的时候,嘱咐安然下次不要再给孩子们剪这么短了。

周倩雯：巴林孔子学院院长

周倩雯，上海大学上海电影学院副教授，2020年经上海大学组织部、国际部孔子学院办公室共同委派，接受上海大学—巴林大学孔子学院中方院长的任命，踏上了前往巴林王国的征途。

2020—2021年，对每个赴任、在任的孔子学院中方院长而言，都是不同寻常的日子。受新冠疫情影响，国际通行受阻，当世界各国迫于时势徐徐关上大门时，"一带一路"共建国家的孔子学院，却要逆势而动，努力实现"全球一家"的美好理想。

2020年起，全球孔子学院逐步实施重大转型：教育部设立中外语言交流合作中心，孔子学院总部更名为中外语言交流合作中心，与中国国际中文基金会共同支持各地孔子学院开展工作。为此，孔子学院的中方院长亟待向外方合作高校充分阐释孔子学院的转型内涵——中外合作高校将成为孔子学院的办学主体，双方共同担责，开展全面合作。

2020年3月，应上海大学党委统战部"三个一"工程建设号召，周倩雯被九三学社上海大学委员会选派到教务部（原教务处）挂职锻炼。在此之前，九三学社上海大学委员会与教务处的结对共建已形成长效机制，九三学社上海大学委员会积极支持学校教务管理工作，以社员挂职锻炼促进青年教师对学校行政管理工作的理解，以深度参与学校管理机制建设提升知识分子的建言献策能力。挂职期间，她行走于本职岗位和教务岗位间，并牵头九三学社上海大学委员会和教务部，发起了"疫情之下如何做好学校教学管理"的线上研讨会，相关新闻还登上了九三学社的网站。周老师在教务部的挂职，是一次极好的管理能力的历练，也为日后就任孔子学院中方院长积累了宝贵的工作经验。

2020年底，周老师到任巴林孔子学院。干旱炎热、少有绿色植被的生活环境，周五、六为休息日的作息习惯，一日"五功"虔诚礼拜的宗教仪式，带给了她最初的陌生感。从祖国来到疫情依旧肆虐的陌生国度，不免生出孤独和紧张感。中东海湾地区的巴林，百万级人口的岛国，却有日均500例以上的确诊病例。她每日工作的巴林大学校园一片寂静，线上教学已持续了近1年，孔子学院的教学活动已停摆大半年。打破现有的困境，尽早与巴林大学领导取得沟通，完成转隶工作（原孔子学院总部将孔子学院转到中国国际中文教育基金会名下管理，与之相关的公文将重新签署），恢复停滞已久的日常工作，是她上任后的工作重点。其后的工作中，她进一步体会到两国截然不同的工作节奏和效率。疫情之下，巴林的策略是放慢节奏，实行轮岗，减少坐班人次，节假日则严格关闭校园。这与她在教务部、国际部挂职期间体验过的繁忙形成天壤之别。她不由感慨国内高校的快节奏与高效率，而在巴林，她则不得不学会适应当地别样的慢生活。

不可否认的是，巴林人民对中国人民分外热情友好。巴林是最早接受中国国药疫苗实验、接种的海外国家。巴林人民对于中国的国力、政府治理水平和疫苗援助交口称赞。外交部部长王毅对巴林的正式访问也进一步加深了两国的友谊与合作。从官方到民间，中国的国际形象是积极、正面的，这些都成为孔子学院发展的坚实后盾。巴林大学对孔子学院的工作格外重视，虽然孔子学院隶属于学校的语言中心，但实际上受到更高行政层面的重视。外方院长兼巴林大学副校长瓦希卜教授退休卸任后，巴林大学校长办公室事实上承接了巴林孔子学院的各项事务，校长瑞雅德教授多次会见周院长，共商重要工作。随后的半年时间里，在巴林大学校方的支持下，巴林孔子学院不仅顺利完成转隶工作,还逐步恢复了本科中文课程教学、国际中文教育奖学金申请和汉语水平考试(HSK)(海外居家网络考试)等多项重要工作,同时联合上海大学经济学院,顺利对接巴林大学实力最雄厚的商学院,开展本科商务汉语辅修课程,启动研究生项目合作备忘录的起草。

2021年周倩雯第一次拜会巴林大学校长瑞雅德教授

按惯例,孔子学院除了中文教学,往年都会开展一定的文化交流活动。由于新冠疫情,线下活动停办,巴林孔子学院也已有近1年未开展活动。期末考试前1个月,周倩雯和巴林大学同事谈及当地高校的线上教学和考试方案时,不由想起在上海大学教务部挂职时举办研讨会的情形。她曾近距离考察、参与上海大学在疫情期间的各项教学管理、考试措施的制定和实施,同时社员在研讨会上的建言献策也给她很多启发。正是由于上海大学全校上下同心协力,全体教师、教学秘书、教务部门管理人员各司其职、有条不紊地通力合作,大家才能有效应对疫情下的各个难点。统一高效的指挥协调、创新优化的智能管理,正是当代中国最有价值并值得向世界推广的文化软实力。将中国高校疫情期间的教学管理经验分享给外方合作高校,展现当代中国的全新文化形象,也能真正帮助外方合作高校做好疫情之下的有效管理。当下,她向巴林大学校长瑞雅德教授提议举办一次线上交流活动,邀请上海大学国际部、教务部和上海大学悉尼工商学院领导及专业教师团队,介绍上海大学过去一年中行之有效的线上教学、考试管理经验。瑞雅德校长非常赞赏,给予全力支持。这是新冠疫情暴发以来巴林孔子学院的第一期文化活动。巴林大学校长及巴林大学与上海大学的教师、教务人员齐聚直播间,就远程教学及线上考试评估中遇到的困难和挑战,展开全面深入交流。会后,相关新闻在巴林大学官方网站置顶数周,巴林大学教学行政管理层各方人士高度评价本次交流活动。

随着巴林大学孔子学院的重启,越来越多热爱中国文化、看好中国未来、渴望学习中文的当地朋友走进了巴林大学孔子学院的中文圈子。2020年毕业于上海外国语大学中国学专业的硕士、巴林姑娘法蒂玛成为巴林孔子学院唯一的本土教师,协助因疫情阻隔尚未到任的汉语教师亓子文,共同完成6个班级、140余名学生的本科汉语选修课线上教学。虽然此前她缺乏中文教育经验,但是经过资深汉语教师的云端"传、帮、带",教学能力突飞猛进。曾在孔子学院参加HSK考试,之后赴中国学习、生活多年的巴林小伙阿德,几乎将所有业余时间都投入面向儿童和成人的线上中文课中,周末还会带着孔子学院的老师和当地华人参观巴林传统民居,体验陶艺文化。曾在巴林大学孔子学院为政府部委开设的汉语班学习的穆罕默德,是一名在国防部任职的军人,他来孔子学院领取课程结业证书时,向周院长表示期盼继续学习中文。巴林"龙城"的华人商户朋友,更是将周情雯院长视为家人,邀请她过年相聚吃饺子。当她将中文图书赠送给华人青少年、儿童时,他们欣喜的眼神让她深深觉得,海外中华儿女对于延续中华文化血脉有着异乎寻常的渴求,中文教育也应更多关注当地华人子弟。

工作中,她时常接到各种咨询中文学习和中文考试的电话,当地旺盛的中文教育需求出乎她的意料。2021年6月,巴林的疫情进一步加重,孔子学院在人手紧张的情况下,调动前任志愿者和在任的孔子学院教师,启动了巴林考点的HSK中文居家网络考试。当时,巴林是中东地区为数不多开设中文考试的国家之一,报名电话纷至沓来。组织者经过努力,并采取多种措施,最终将考生范围拓展至巴林以外,限定在海湾国家,尽可能多地满足海外考生的需求。组织网络考试,有很大的风险、责任和技术难度,而看到考生们取得好成绩,有望到中国学习深造、大展宏图,大家都无比欣慰。

2021年6月底至7月初,由中华人民共和国驻巴林王国大使馆主办,巴林大学孔子学院协办,第20届"汉语桥"世界大学生中文比赛(巴林赛区)启动。这是一次利用融媒体手段对"汉语桥"品牌进行推广的全新尝试,"互联网+'汉语桥'"改变了以往单向度的纵向媒体传播方式,"汉语桥"作为文化桥梁的功能也得到了更多延伸。通过短视频平台,外国观众可以直接看到中文学习者的风采,生发学习中文的热情;中国观众也可以看到孔子学院如何培养非母语中文学习者,从中了解异域文化,结交知华、友华的外国朋友。在巴林赛区的中华才艺线上比赛环节,观众们看到了中国民歌《茉莉花》与阿拉伯民歌的吉他混弹表演,欣赏了巴林姑娘穿上不同的民族服装表演中国古典舞和阿拉伯舞。一位巴林小伙子用中文讲述了阿拉伯民间故事,他说,希望学好中文,向中国传播阿拉伯文化。

这一切让周院长感叹,我们的文化交流要有宽广的胸怀,要善于对话,广泛沟通。阿拉伯地区历史悠久,文明光辉璀璨;

阿拉伯人民对自己的文化、宗教有着强大的自信心。中华文明博大精深。彼此以自信的心态展开对话,才是平等、积极、健康的国际交流。

2021年7月1日,前任外方院长瓦希卜教授第一时间向周院长转发了巴林驻华大使安瓦尔·阿卜杜拉先生发表在 *China Daily*(《中国日报》)上的署名文章。文章热情称赞中国建设成就,为中国共产党百年诞辰献上衷心祝愿。瓦希卜教授告诉她,大使先生曾任巴林大学教授,作为老朋友和老同事,他们时常在一起交流中国情况。周院长坚信,巴林孔子学院坚持数年在当地开设中文课程,为教职工、巴林各部委授课,假以时日,一定会有更多的知华、友华人士,从巴林王国、巴林大学以及其他各个文化交流平台,走上国际政治、经济、教育和科技舞台,大放异彩。

在担任巴林孔子学院院长1年之际,周院长说,我国"十四五"规划和2035年远景目标纲要(草案)提出,发展社会主义先进文化,提升国家文化软实力。中国一直以来积极呼吁构建人类命运共同体,在"一带一路"共建国家上已耕耘多年。巴林孔子学院作为国际中文教育机构,始终践行并推动不同国家与民族、不同文化与文明之间的互动交流。在全面对外开放的当下,讲好中国故事,传播中国价值观,推动中国走向世界,广泛展示中国特色社会主义道路自信、理论自信、制度自信、文化自信,展示中国的国家形象,彰显社会主义制度的优越性,增强国家文化软实力和综合国力,为世界贡献中国智慧和中国方案,这既是我国新时代思想建设的重要任务,也是她作为孔子学院中方院长在驻外工作中始终秉持的"指南针",更是她在立足本职、服务大局的职责和使命中应坚守的目标和方向。

参考文献

一、中文文献

[1]王广大.当代巴林社会与文化[M].北京:世界知识出版社,
2016.

[2]杨伟国,王雁芬.中国驻中东大使话中东——巴林[M].北
京:世界知识出版社,2012.

[3]韩志斌.列国志:巴林[M].北京:社会科学文献出版社,
2014.

[4]李文庆.巴林经贸文化[M].北京:社会科学文献出版社,
2017.

[5][苏]瓦·拉·波将斯基.巴林[M].中国人民大学《巴林》《战
斗的阿曼》翻译组,译.北京:人民出版社,1974.

[6]韩志斌,温广琴.从伊斯兰法到二元法——巴林法律体系的
变迁轨迹[J].阿拉伯世界研究,2009(4).

[7]王铁铮.世界现代化历程[M].南京:江苏人民出版社,2010.

[8]黄宗羲.宋元学案卷52艮斋学案[M].北京:中国社会科学
出版社,2021.

[9]王复.巴林诗选[M].北京:作家出版社,2019.

二、英文文献

[1]Bendt Alster. *Dilmun*, *Bahrain*, *and Alleged Paradise in*

Sumerian Myths and Literature [M]. Berlin: Dietrich Reimer Verlag, 1983.

[2]H. W. F. Saggs. *The Greatness that was Babylon: A Sketch of the Ancient Civilization of the Tigris-Euphrates Valley* [M]. New York: Hawthorn Books, 1962.

[3]Wu Yuhong. "A Political History of Eshnunna, Mari and Assyria During the Early Babylonian Period: From the End of Ur Ⅲ to the Death of Šamši-Adad"[J]. *Journal of Ancient Civilizations*, 1994(2).

[4]A. L. Oppenheim. "The Seafaring Merchant of Ur" [J]. *Journal of the American Oriental Society*, 1954(74).

[5]N. Veldhuis. "Kassite Exercises: Literary and Lexical Extracts" [J]. *Journal of Cuneiform Studies*, 2000(52).

[6]Rosemarie Said Zahlan. *The Making of the Modern Gulf States: Kuwait, Bahrain, Qatar, the United Arab Emirates and Oman*[M]. London: Ithaca Press, 1998..

[7]Federal Research Division. *Bahrain*[M]. Whitefish: Kessinger Publishing, 2004.

[8]Joseph A. Kéchichian. *Power and Succession in Arab Monarchies: A Reference Guide*[M]. London: Lynne Rienner Publisher, 2008.

[9]Carol Ann Gillespie. *Bahrain* [M]. Philadelphia: Chelsea House Publishers, 2002.

[10]Aftab Kamal Pasha. *India, Bahrain and Qatar: Political, Economic and Strategic Dimensions* [M]. Delhi: Gyan Sagar Publications, 1999.

[11]Emile A. Nakhleh. *The Persian Gulf and American Policy*

[M]. New York: Praeger, 1982.

[12]Fred H. Lawson. *Bahrain: The Modernization of Autocracy*
[M]. Boulder: Westview Press, 1989.

后　记

　　"一带一路"倡议源于中国,更属于世界,根植于历史,更面向未来。为服务国家"一带一路"倡议和浙江全面推进开放强省发展战略,加强与"一带一路"国家人文交流合作,在浙江省社会科学界联合会的策划和指导下,浙江外国语学院充分发挥多语种外语优势,积极统筹校内外学术资源,精心组织"走进'一带一路'丛书"的编写,让更多人以"悦读"的形式,了解"一带一路"沿线国家国情、社情、商情、民情,感受"一带一路"建设的新动向,增强国人对"一带一路"沿线各国的了解,促进各国人民文化交流。本书是"走进'一带一路'丛书"之一 ,同时也是浙江省社会科学界联合会社科普及课题"海湾明珠——巴林"的研究成果。

　　本书分为开篇、上篇、中篇、下篇四部分。开篇简要概括了全书内容。上篇主要围绕巴林王国的历史展开,以时间轴为线索,以重大事件和主要人物为内容,点面结合。中篇主要选取巴林王国的政治、经济、文化等具体方面,对巴林王国的国情、社情、商情、民情进行专门分析。下篇主要通过巴林大学孔子学院的成立运行以及中国人在巴林工作、学习、创业和生活的故事介绍巴林王国与中国、与浙江的交往。

　　本书能够顺利出版离不开浙江工商大学出版社的悉心谋划和浙江外国语学院的精心组织。本书的编写感谢浙江外国语学院教授、浙江文化"走出去"协同创新中心主任、浙江省外语教学指导委员会副主任委员、浙江省外国语学校联盟理事长、杭州市规范公共外语标识工作专家委员会主任赵伐老师，浙江外国语学院教授、"西溪学者（杰出人才）"、环地中海研究院院长马晓霖老师，浙江外国语学院教授、图书馆馆长马新生老师，浙江工商大学出版社王黎明老师，上海大学国际教育学院副教授朱焱炜老师，上海大学副教授、时任巴林孔子学院院长周倩雯老师，杭州市人民政府外事办公室周琳老师、"安然于行的女子"公众号作者安然女士的拨冗相助，感谢大家对于巴林一书的编写所给予的无私帮助。

　　在本书编写过程中，尽管花费了大量时间与精力，但难免存在疏漏和谬误，敬请广大读者不吝赐教和指正，谢谢！

编　者

2023年12月